VOM SINN DES LEBENS

CHRIS LEY

VOM SINN DES LEBENS

… wie du den Sinn des Lebens findest und frei wirst

Bibliografische Information der Deutschen Nationalbibliothek
Die Deutsche Nationalbibliothek verzeichnet diese Publikation in
der Deutschen Nationalbibliografie; detaillierte bibliografische Daten
sind im Internet über http://dnb.dnb.de abrufbar.

© 2020 Christian Ley
Covergrafik: https://unsplash.com/photos/06lv_LBX3pk
Coverdesign, Satz, Herstellung und Verlag: BoD – Books on Demand,
Norderstedt
ISBN 978-3-7519-7688-6

Inhalt

Einführung

Die Frage nach dem Sinn des Lebens ist eine sehr bewegende Frage. Eine Frage, welcher wir alle an einem gewissen Punkt im Leben begegnen. Manche stellen sich diese Frage früher, manche später.

Du bist auf jeden Fall genau an diesem Punkt in deinem Leben bei der Frage angekommen. Du hast dir dieses Buch geholt und befindest dich nun bei meinem Vorwort. Vielleicht erwartest du jetzt, dass ich dir hier eine genaue Anleitung geben werde, deinen Sinn des Lebens zu finden. Möglicherweise hattest du deinen Sinn des Lebens bereits gefunden, ihn aber wieder verloren. Vielleicht kommst du aber auch einfach gerade in deinem Leben nicht weiter, hast schon zahlreiche Bücher gelesen und glaubst gar nicht mehr daran, dein persönliches Warum zu finden.

Stopp!

Eines muss ich dir gleich vorweg sagen: Der Sinn des Lebens ist keine Werbetafel mit einem Pfeil zu deiner Erfüllung. Deine Sinnfrage ist kein Antwortspiel mit Richtig oder Falsch. Deine Berufung wird dir auf keinem Silbertablett dieser Welt serviert werden und dir dann wie Schuppen von den Augen fallen. Was würdest du tun, wenn ich dir genau an dieser Stelle deinen persönlichen Sinn des Lebens verraten würde? Was würdest du tun, wenn du deinen Sinn des Lebens schwarz auf weiß lesen könntest? Glaubst du, du würdest glücklich und zufrieden sein? So einfach ist das leider nicht.

Verstehe mich nicht falsch ...

Der Sinn des Lebens ist individuell und persönlich. Manchmal gibt es nicht nur einen einzigen Sinn. Jeder hat eine andere Berufung, oder eben mehrere. Es gibt keine wahre und unwahre Antwort nach deinem individuellen »Purpose in Life«. Eines ist klar: Du wirst es spüren, wenn du etwas gefunden hast, das dich motiviert, dich antreibt und dich vollkommen macht. Wichtig ist, dass du das findest, was deinem Leben mehr Sinn gibt.

In diesem Buch wirst du erfahren, mit welchen Werkzeugen du herausfinden kannst, was dich in deinem Leben bewegt und im Endeffekt glücklich macht. Ganz egal wie motiviert oder unmotiviert du bist, nach diesem Buch wirst du nicht nur ein Fundament mit dem nötigen Wissen zu dem Sinn des Lebens haben. Du wirst wissen, wie du es anstellen kannst, deinem eigenen Sinn des Lebens näher zu kommen.

In diesem Buch werden wir bestimmte Bereiche deines Lebens erkunden, um die Quelle deiner Unzufriedenheit zu entpuppen und eine neue Inspirationswelle für dein neues sinnerfülltes Leben zu generieren.

Warum dir dieses Buch helfen wird

Dieses Buch ist in drei Teile gegliedert. Im ersten Teil werden wir uns gemeinsam ein Basiswissen über den Sinn des Lebens aneignen. Im ersten Kapitel erfährst du, was der Sinn des Lebens ist und warum du ihn finden solltest. Wir werden auch darüber sprechen, was passiert, wenn du keine Sinnhaftigkeit in deinem Leben erkennst.

Im zweiten Kapitel des Buches möchte ich dir ein paar praktische Tipps mit an die Hand geben. Nach den kurzen Lektionen wirst du klüger sein als zuvor. Dein Leben ist eine wahre Schatztruhe. Du hast unendlich viele Möglichkeiten, genau den einen Weg zu finden, den du suchst.

Im dritten Teil wenden wir uns deiner ganz persönlichen Ausgangssituation zu. Du wirst zu diesem Zeitpunkt das Fundament für die Suche nach dem Sinn des Lebens kennen. Du wirst dir auch darüber bewusst sein, welche Werkzeuge dir zum Finden deines Sinnes des Lebens gegeben sind. Es ist also an der Zeit, deinen Sinn des Lebens zu finden! Packen wir es an!

Warum Theorie nicht Praxis ist

Als Motivationscoach beobachte ich immer wieder, dass viele Menschen oft einen guten Willen zeigen, ihr Leben ins Positive zu verändern. Eine theoretische Auseinandersetzung mit einer Thematik führt jedoch nicht zwangsläufig zu einer Umsetzung in der Praxis. Ein starker Wille verspricht zwar in der Theorie meistens auch eine Tat, in der Realität sieht das jedoch oft anders aus.

Grund ist folgender: Wir nehmen Wissen nicht nur durch Lesen auf. Zwar speichern wir im besten Fall das gelesene Wissen, dennoch bleibt Theorie ohne Anwendung oft nicht nachhaltig im Gedächtnis. Wenn wir dann doch irgendwann bei einem fundierten Wissen ankommen und uns dieses zu eigen machen, dann fehlt oft der Übergang von Theorie in die Praxis. Damit will ich dir sagen, dass du, nur weil du über den Sinn des Lebens liest, ihn nicht zwangsläufig finden wirst. Du musst dein erlerntes Wissen in die Tat umsetzen, um deinem Sinn des Lebens auf die Spur zu kommen. Ohne Bewegung, Anstrengung und Taten wirst du keine Sinnhaftigkeit entziffern können. Nur durch Ausprobieren, Testen, Erfahren und Fühlen kannst du deiner Berufung näher kommen.

Genau aus diesem Grund habe ich mich dafür entschieden, in jedem Kapitel eine kleine Übung oder einen Test zu integrieren. Die kurzen Übungen können dir helfen, das davor Gelesene anzuwenden und nachhaltig zu speichern. Mit den Tests wirst du auch sehen, ob du das jeweilige Kapitel verstanden hast. Du solltest dieses Buch auf jeden Fall nicht nur lesen, sondern aktiv daran teilnehmen. Wie können dir meine Worte, Erfahrungen und mein Wissen helfen, deinem persönlichen Sinn des Lebens näher zu kommen?

Wer bin ich?

Ich bin Chris. Ich bin ein Motivationscoach, Mentaltrainer, Ernährungsberater, Personal Trainer, Vater und Ehemann, Buchautor und vor allem ein motivierter, begeisterter Mensch, der sich gerne neuen Herausforderungen stellt. Ich versuche Menschen zu helfen, sich Ziele zu setzen, diesen näher zu kommen und sie im Endeffekt zu erreichen. Meine Antriebskraft kommt von ganz vielen verschiedenen Ereignissen und Situationen in meinem Leben.

Ich werde dir während dieses Buches immer wieder Episoden von meinem Weg und meinen Erfahrungen erzählen. Aber hier kurz vorweg: Wenn du denkst, ich bin einer dieser Coaches, die ihr Wissen in Büchern gefunden haben, dann denkst du falsch.

Lass dir eines sagen: Ich bin 250 km durch die Wüste gelaufen, ich bin 1.200 km durch den Rhein mit einem SUP-Board gepaddelt und habe damit den Weltrekord geknackt. Ich habe versucht ein ganzes Jahr mit einem Zweistundenschlaf auszukommen und ich bin bei minus 15 Grad einen Marathon in Sibirien nur in Boardshorts gelaufen.

Ich habe in zahlreichen Selbstexperimenten das Wissen getestet, das du in Büchern finden kannst. Ich habe dieses Wissen in die Tat umgesetzt und geprüft. Ich bin an meine Grenzen gestoßen, aber ich habe auch unvorstellbare Barrieren überwunden. Lass uns gemeinsam das Wissen über den Sinn des Lebens in die Tat umsetzen. Lass uns gemeinsam durch die Wüste laufen und deine grüne Oase finden.

Wer bist du?

Diese Frage kannst du einfach beantworten, wenn du deine Antwort lediglich mit äußeren Attributen füllst. So wie ich gerade eben. Du kannst deine Antwort grenzenlos in die Länge ziehen und stundenlang über dein Ego erzählen. Aber wer bist du wirklich? Du bist nicht nur dein Aussehen und deine materiellen Besitztümer. Die zentrale Frage nach dem »Wer bin ich« ist eine andere. Deine Frage nach deinem Selbst, deinem Inneren, ist verbunden mit der Frage nach der Sinnhaftigkeit deines Lebens. Erst wenn du deinen Sinn gefunden hast, hast du auch dich gefunden. Aber dazu später mehr.

Sei an dieser Stelle nicht gleich entmutigt. Du bist auch du, ohne den Sinn erkannt zu haben. Doch wenn du ihn erst einmal gefunden hast, deinen ganz eigenen Sinn des Lebens, dann hast du ein Bewusstsein über dich selbst. Ein ganz bewusstes, greifbares DU. Wenn du das Buch bis zum Ende liest und an den Übungen teilnimmst, wirst du zum Schluss dieses Buches einen besseren Eindruck von dir selbst haben. Du wirst erkennen, was wirklich in deinem Inneren ist, was dich antreibt, was dich einzigartig macht. Du wirst erkennen, was deinem Leben einen Sinn gibt.

Viel Erfolg!

Teil I

Was du über den Sinn
des Lebens wissen solltest

In diesem ersten Kapitel erfährst du alles, was du über den Sinn des Lebens wissen musst. Deine Theoriegrundlage für deine praktische Suche.

»Wer ein WARUM zum Leben hat, erträgt fast jedes WIE.«
Friedrich Nietzsche

1.1 Was ist der Sinn des Lebens

Bist du in der Früh glücklich, wenn du aufstehst? Kribbelt es in deinen Füßen, weil du kaum erwarten kannst aus dem Bett zu kommen? Vermutlich nicht besonders, sonst würdest du dich nicht bei dem ersten Kapitel dieses Buches befinden. In diesem Kapitel werde ich dir einige Fakten verraten, die du unbedingt wissen solltest, wenn du dich mit der Sinnfrage auseinandersetzen willst. Was hat der Sinn des Lebens für eine Bedeutung in der Welt? Wer sucht überhaupt nach dem Sinn des Lebens? Und warum ist es wichtig, den Sinn des Lebens zu finden? Was passiert überhaupt, wenn du den Sinn des Lebens nicht findest?

Die Frage nach dem Sinn des Lebens kann in viele verschiedene Richtungen interpretiert werden. Theologisch, esoterisch, selbstfindend – die Frage wurde in zigtausend verschiedenen Formen gestellt und aufbereitet. Niemand, wirklich niemand kommt in seinem Leben an dieser Frage vorbei. Egal an welchem Punkt in deinem Leben du dir die Frage nach deinem Sinn des Lebens stellst, eines ist klar: Du wirst dir diese Frage irgendwann stellen. Warum bin ich hier? Was ist der Sinn meiner Existenz? Was ist MEIN SINN DES LEBENS?

Die Bedeutung von Sinn

Was ist überhaupt dieser Sinn, nach dem alle fragen? Das Wort Sinn hat in der deutschen Sprache fünf Bedeutungen.[1]

Sinn ist die »Fähigkeit der Wahrnehmung und Empfindung (die in den Sinnesorganen ihren Sitz hat)«. Sinn bedeutet aber auch »Gefühl, Verständnis für etwas; innere Beziehung zu etwas«.

---

[1]   Duden: https://www.duden.de/rechtschreibung/Sinn [aufgerufen am 05.08.2020]

Sinn können »jemandes Gedanken, Denken« oder »Sinnesart, Denkungsart« sein. Der Sinn ist aber auch »gedanklicher Gehalt, Bedeutung; Sinngehalt«. Und zu guter Letzt kann Sinn auch »Ziel und Zweck, Wert, der einer Sache innewohnt« bedeuten.

Uns interessiert an dieser Stelle vor allem der Sinn als Ziel. Die letzte Bedeutung also. Wir fragen uns, ob etwas Sinn ergibt. Ob wir den Sinn verloren haben oder wie wir ihn finden. Was ist der Sinn unseres Lebens? Welchen Zweck erfüllst du auf dieser Welt? Welches Ziel verfolgst du? Aristoteles hat schon vor vielen Jahrhunderten gewusst, dass der Mensch nur glücklich sein kann, wenn er ein Ziel hat: »Der Mensch ist ein nach Zielen strebendes Tier. Sein Leben hat nur Bedeutung, wenn er versucht etwas zu erreichen und nach seinen Zielen strebt.«[2] Doch ist das wirklich so? Brauchen wir ein Ziel, um glücklich sein zu können? Und was ist, wenn wir dieses Ziel bereits gefunden haben? Sind wir dann für immer zufrieden?

Vorsicht mit dem deutschen Wortspiel

Während es in der englischen Sprache mehrere Wörter für Ziel gibt, haben wir im Deutschen nur das eine Wort für Ziel. Wir setzen uns ein Ziel und verfolgen dieses, bis wir es erreicht haben. Haben wir das geschafft, sind wir vermutlich glücklich, in jedem Fall erleichtert. Erreichen wir das gesetzte Ziel nicht, sind wir enttäuscht und haben vielleicht sogar versagt. Aber stopp, es handelt sich hier um eine deutsche Wortfalle.

Im Englischen hast du für das Wort Ziel mehrere Übersetzungen: target, goal und purpose. Die drei Wörter sind alles verschiedene Abwandlungen von dem Wort Ziel. Während GOAL das endgültige Ziel bedeutet und unserem Wort Ziel am nächsten

---

2   SinndesLebens24: https://www.sinndeslebens24.de/zitate-sinnerfuelltes-leben [aufgerufen am 05.08.2020]

kommt, definieren PURPOSE und TARGET Zwischenziele oder Zwischenetappen.

Und eines musst du wissen: Ohne verschiedene Zwischenziele kommst du nicht zu deinem Endziel. Ich spreche aus Erfahrung. Ohne diverse Etappen hätte ich keines meiner bisherigen Ziele erreicht. Als ich mir zum Beispiel vornahm mit dem Stand-up-Paddleboard 1.200 km über den Rhein zu fahren, musste ich mir zunächst verschiedene Unterziele setzen, um mich dann der gesamten Mission zu widmen. Ich musste zum Beispiel lernen, wie man richtig paddelt und wie man lange Zeit die Balance behält. Ich musste mir Wissen über den Rhein aneignen, um die Strömungen und auch den Schiffsverkehr richtig einschätzen zu können.

Glaubst du, du kannst den Mount Everest besteigen, ohne davor andere Berge bestiegen zu haben? Nein. Du fängst immer klein an. Genauso ist es mit deinen Lebenszielen und deinem Sinn des Lebens. Du kannst dein großes Ziel nicht erreichen, wenn du keine Zwischenziele hast. Der Mensch braucht kleine Erfolge, sonst wird er entmutigt. Dabei sollst du natürlich dein großes Ziel nicht aus den Augen verlieren.

Was ich festgestellt habe …

Was ich festgestellt habe, ist Folgendes: Viele Menschen, die auf der Suche nach dem Sinn des Lebens sind, versuchen äußere Eigenschaften zu sammeln. Sie laufen den Jakobsweg, sie fliegen als Backpacker nach Südamerika, sie besteigen hohe Berge oder sie segeln ein Stück weit um die Welt. Viele verwechseln den Sinn des Lebens mit der Suche nach der Freiheit. Freiheit, die sie auf Reisen und in den Tiefen der Natur finden. Mit dem Sinn des Lebens hat das jedoch wenig zu tun.

Verwechsle den Sinn des Lebens nicht mit der Suche nach der eigenen Freiheit!

Okay, eines muss ich an dieser Stelle klarstellen. Du kannst den Sinn des Lebens nicht finden, wenn du nicht frei bist. Du kannst den Sinn des Lebens aber auch nicht finden, wenn du im Urlaub an einem menschenleeren Sandstrand sitzt und auf den Horizont blickst. Die Suche nach dem Sinn des Lebens ist etwas Aktives. Du musst etwas dafür tun, um dein wahres Warum zu erkennen.

Warum du überhaupt nach deinem Sinn des Lebens suchst

Oft gibt es einen Auslöser, der dich indirekt oder auch direkt zu der Frage nach der Sinnhaftigkeit in deinem Leben bringt. Meist ist es eine Lebenskrise, größer oder kleiner, die einen an dem Sinn des eigenen Daseins zweifeln lässt. Du befindest dich in einer Situation, die ausweglos erscheint. Du hast den Faden verloren. Du hast einen zerbrochenen Traum, eine gescheiterte Ehe, dein Job ist weg – all dies sind bewegende Elemente in deinem Leben, die dich an den Punkt bringen, der dir das Gefühl gibt zu scheitern. Bist du erst einmal im Strudel des Scheiterns, ist es oft ein Teufelskreislauf. Der Ausweg aus einer tiefen Krise, deine Stärke, physisch wie auch mental, wiederzuerlangen, kommt an der Frage nach dem Sinn deines Lebens nicht vorbei. Wie ist das überhaupt, wenn man gar nichts mehr hat, wenn man scheitert? Du fragst dich, warum genau du an diesen Punkt gekommen bist. Warum genau dir das passiert. Und warum du eigentlich hier bist. Was soll das alles? Was ist der Sinn des Lebens?

Im indischen Kloster …

Als ich in einem indischen Kloster einen Meditationskurs besuchte, habe ich Elias getroffen. Elias kam aus Deutschland und war bereits viele Stunden unterwegs. Man sah ihm seine Anspannung sichtlich an, nichtsdestotrotz war Elias wohlgemut. Er möchte seinen Sinn des Lebens genau in diesem Kloster finden. Er habe gehört, dass es hier eine gute Möglichkeit gibt, den Stress der westlichen, materiellen Welt hinter sich zu lassen. Elias war ein hohes Tier in der Finanzwelt. Darüber wollte er nicht mehr sprechen. Eines Abends öffnete er sich mir jedoch. Er berichtete von dem Druck, immer besser und reicher sein zu wollen. Immer mehr, so lautete die Devise.

Doch dann kam alles anders. Eine Ehekrise folgte der nächsten, bis die Scheidung anstand. Elias konnte sich nicht mehr konzentrieren und verlor seine Position bei der Bank. Sein Berufsleben hatte überhandgenommen und sein Privatleben zerstört. Geld wurde wichtiger als die Liebe zu seiner Frau. Dann kam die Frage nach dem Sinn. Ohne Job gab es keinen Grund mehr, das Haus zu verlassen, und ohne seine Frau gab es keinen Grund mehr für das Haus. Elias will im Kloster Abstand zu diesem Leben bekommen. Ohne gesellschaftlichen Druck will er zu seinem Inneren finden. Er will seinem Leben eine neue Richtung verleihen. Eine ganz individuelle, persönliche Richtung, die keinem anderen Menschen oder Job die Aufgabe der Sinnhaftigkeit zuschreiben soll.

Was ist dieser Sinn des Lebens?

Aber was verbirgt sich hinter dieser großen Frage nach dem Sinn? Warum geben wir uns nicht mit einer Existenz des eigenen bloßen Daseins zufrieden? Warum wollen wir das Warum kennen? Warum wollen wir, dass unser Leben Sinn ergibt? Ist es etwas, das du der Nachwelt hinterlassen kannst? Die Geschichten, die du erzählen kannst? Ist es dein Ziel? Was hat der Sinn deines Lebens mit den anderen Menschen zu tun? So viele Fragen, die es zu beantworten gibt. Vielleicht wirst du am Ende des Buches die ein oder andere Antwort auf diese Frage für dich selbst gefunden haben.

Jetzt mal anders gedacht ...

Stellen wir es anders an. Ich verrate dir jetzt, was der Sinn des Lebens NICHT ist. Wenn du diese Erkenntnis dann in das Gegenteil übersetzt, hast du dich zeitgleich mit dem Sinn des Lebens auseinandergesetzt – und zwar in der Praxis.

Der Sinn des Lebens ist nicht ...
... eine Anleitung zum Glücklichsein.
... ein einziger Satz.
... eine Werbetafel.
... ein einziger Grund.
... statisch.
... eine Zwangsverbindung zu Geld.
... von anderen Menschen für dich gewählt.
... unveränderbar.

Formuliere diese Thesen nun in Gegenthesen um. Was kannst du erkennen? Was sprechen deine selbstgewählten Worte über den Sinn des Lebens?

Der Geschmack vom Sinn des Lebens

Der Sinn des Lebens ist nicht die eine Zutat, die deinem Leben mehr Würze verleiht. Es ist auch nicht das Kochrezept, wie du ein glückliches Leben zubereiten kannst. Es ist nicht das eine Element, das alles voller schmecken lässt. Der Sinn verleiht deinem

Leben zwar den vollen Geschmack, die Suche ist aber leider kein Kochrezept, das du Schritt für Schritt befolgen kannst. Nachkochen funktioniert hier nicht. Hier bist du selbst der Chefkoch, der alle Zutaten selbst mitbringt und diese auf individuelle Art miteinander zu einer köstlichen Kreation zubereitet. Das Kochen kann ich dir lernen. Ich kann dir zeigen, wie es andere machen oder welche Küchenutensilien du hast. Ich kann dir auch die Reihenfolge verraten, wie du zu einem Menü kommst. Die Kreation des Menüs liegt dann aber in deinen Händen.

Entrée, Hauptgang, Dessert?

Vergleichen wir den Sinn des Lebens mit einem Menü in einem Restaurant. Nun bist du nicht der Koch, sondern der Gast. Stell dir vor, der Sinn des Lebens ist ein mehrgängiges Menü. Du bekommst eine Vorspeise, mehrere Zwischengänge, einen Hauptgang, Käse und ein Dessert. Vielleicht trinkst du davor sogar einen Aperitif. Der Geschmack deines Menüs verändert sich. Du wirst zunächst in das Menü mit einer leichten Vorspeise eingeführt, hast dann mehrere Zwischengänge und einen vollmundigen und herzhaften Hauptgang. Das Dessert rundet dein Menü ab. So ähnlich ist es mit deinem Sinn des Lebens.

Der Sinn des Lebens verändert sich während deines Lebens.

Nicht nur einmal oder zweimal. Nein, der Sinn des Lebens verändert sich konstant und kontinuierlich. Weißt du warum? Weil auch du dich veränderst. Du startest mit einer Kostprobe, einem dezenten Aperitif. So wirst du auf dein Leben vorbereitet. Doch irgendwann in der Mitte erreichst du einen vollen Geschmack. Viele Zutaten und Gewürze zaubern dir den Gusto des Lebens auf den Teller. Fehlt nur eine einzige Zutat, merkst du das vielleicht gar nicht. Fehlt aber der ganze Geschmack, so bist du unzufrieden und ungesättigt. Dein Sinn des Lebens verhält sich wie dein Menü im Restaurant. Er kann daher nicht ein einziger sein. Mit jedem Lebensabschnitt, jedem Gang wird sich auch dein Sinn des Lebens ändern. Denn in jedem Abschnitt, in jeder Etappe, in der du dich befindest, ändern sich deine Einstellungen zu deinen Werten über die Dinge, die dir wichtig sind. Zur Vorspeise möchtest du keine Nachspeise und genau umgekehrt. Du weißt in jedem Gang, was du gerne schmeckst. Genauso weißt du auch in deinen verschiedenen Lebensetappen, was du willst. Du musst es nur herausfinden. Und genau dafür gibt es den Sinn des Lebens.

Erinnerst du dich an damals?

Erinnerst du dich, als du ein Teenager warst? Ich weiß, es ist eine Weile her. Aber kannst du dich erinnern, was dir wichtig war? Etwas, was dir jetzt nicht mehr ganz so wichtig ist vermutlich. Ich wollte unbedingt ein eigenes Moped haben. Jeder meiner Freunde hatte eines, nur ich war der Einzige, der keines hatte. Das Moped gab mir die Freiheit, unabhängig von A nach B zu kommen, um meine Freunde zu treffen. Das war damals ein sehr wichtiger Teil in meinem Leben. Mit meinen Freunden stundenlang einfach nur dasitzen und die Freiheit der Jugend genießen.

Was hat sich verändert?

Zwar habe ich auch heute noch die gleiche Idee von einem fahrbaren Untersatz, dennoch ist meine Vorstellung von einem Moped zu einem geräumigen Auto gewichen. Was ich damit nun mache, ist eine ganz andere Sache. Ich benutze mein Auto, um wichtige Dinge zu erledigen. Dinge, die mir jetzt wichtig sind, es damals aber nicht waren, weil es sie vielleicht auch noch gar nicht gab. Wie meine Frau und meinen Sohn zum Beispiel. Meine

Werte haben sich in eine andere Richtung entwickelt. Sie haben sich in all den Jahren immer wieder geändert und werden sich auch weiterhin mit mir gemeinsam verformen.

Der Sinn des Lebens ist wie ein Kompass

Sieh den Sinn des Lebens wie einen Kompass. Warum ich den Sinn des Lebens mit einem Kompass vergleiche, ist folgender Grund: Der Sinn des Lebens zeigt dir immer eine Richtung an, in die du gehen sollst. Sieh den Sinn als einen Wegweiser in eine Himmelsrichtung, die dir verspricht deinen Wünschen näher zu kommen. Der Sinnkompass, wie ich ihn gern nenne, zeigt dir, wo du sein willst, damit du nach deinen Werten leben und deine Vorstellung stillen kannst. Und zwar genau in der Lebensetappe, in der du dich gerade befindest.

Ich habe eben über Elias berichtet. Wenn Elias seinen Sinn des Lebens als Kompass betrachtet, braucht er nun einen Kurswechsel. Sein Sinnkompass hat zu lange in eine Richtung gezeigt, die er angestrebt hat. Wertevorstellungen sind Luxus und Reichtum gewichen. Früher wollte Elias Förster werden, doch seine Eltern hatten andere Pläne mit ihm. Früh wurde ihm gesagt, dass der Sinn des Lebens materieller Reichtum ist. Doch als Elias diesen Reichtum erreicht hatte, war er nicht zufrieden. Er war nicht glücklich. Es waren nicht seine Werte, wonach er strebte. Es waren die Werte der Gesellschaft, die ihm als Kind aufgedrängt wurden. Jetzt im Kloster möchte er seine Gedanken auf null setzen und seinen persönlichen Sinn des Lebens finden. Einmal Reset bitte.

... zurück im Restaurant

Du kannst auch zurück zu meinem Vergleich im Restaurant gehen. Die Speisekarte ist ein Wegweiser für deine Mahlzeit. Sie zeigt dir den Weg auf, wie du dein Menü gestalten kannst. Dabei hast du meist mehrere Auswahlmöglichkeiten, dein Essen selbst zu gestalten. Vielleicht gibt es sogar ein Buffet. Wenn du den Sinn des Lebens als Wegweiser siehst, zeigt er dir eine Richtung an, in die du gehen sollst. Es gibt jedoch nie nur eine einzige Möglichkeit, um dein Glück zu finden. Er ist wie eine Speisekarte in einem Restaurant. Du selbst wählst dein Gericht.

Prüfe dein Verständnis

→ *Warum kannst du deinen Sinn des Lebens nicht im Urlaub finden?*
→ *Warum solltest du Zwischenziele definieren?*
→ *Was bedeutet der Sinnkompass?*
→ *Übung: Kannst du dich daran erinnern, dass dein Sinn des Lebens sich bereits verändert hat? Schreibe deine bereits erreichten Zwischenziele auf.*

1.2 Warum du deinen Sinn des Lebens finden solltest

Auf meinen Reisen um die Welt sind mir zahlreiche Menschen begegnet. Menschen, die ihren Sinn fest im Griff hatten. Menschen, die verzweifelt auf der Suche danach waren. Menschen, die in das »Café am Rande der Welt« vertieft waren. Und Menschen, die das alles für esoterischen Quatsch hielten. Menschen, die unzufrieden waren, und welche, die ihre innere Spiritualität gefunden hatten. Menschen, die Vollmondzeremonien machten, um alte Lasten loszuwerden. Und Menschen, die sich lediglich rastlos betranken, um ihre eigenen Probleme zu vergessen.

Es gab Menschen, die der Welt etwas hinterlassen wollten, aber auch Menschen, die ihren Müll einfach auf der Straße liegen ließen und mit dem Motto »Nach mir die Sintflut« durch das Leben gingen. Junge Menschen, die ihre Berufung im Sport gefunden hatten. Und alte Menschen, die voller Stolz ihren Enkeln über das Leben berichteten. Ich sah Menschen, die meditierten. Und Menschen, die davon nichts wissen wollten.

Ich könnte die Liste endlos fortsetzen und ganz bestimmt werden im Laufe des Buches immer wieder genau diese Menschen auftauchen und deine Sinnsuche erweitern. Eines ist klar, jeder geht anders mit der Frage nach dem Sinn des Lebens um.

Aber eines ist auch klar: Jeder, der sich in einer Krise befindet, fragt sich an irgendeinem Punkt im Leben nach dem Warum. Die Tage, an denen du dich nach dem Sinn deines Lebens fragst, können an jeder Ecke lauern. Manche Tage sind ganz harmlos, wie eine schlaflose Nacht oder ein verlorener Schlüssel. Aber manche Tage haben es in sich. Diese Tage bringen dich an die Substanz und ganz im Stillen wirst du dich dann nach dem Warum deiner Existenz fragen.

Der schwerste Tag in meinem Leben

Lass mich dir von meinem schwersten Tag in meinem Leben berichten. Es ist etwas sehr Persönliches, das ich nun mit dir teilen werde. An genau diesem Tag habe ich erfahren, wie es ist, wenn man ganz unerwartet und sehr plötzlich mit der Sinnfrage konfrontiert wird. Die Geburt meines Sohnes hat alles für mich verändert. Alles lief genau nach Plan, meine Frau gebar einen wunderbaren Jungen. Doch wenige Wochen nach der Geburt erkrankte unser Sohn plötzlich ganz unerwartet und sehr schwer. Die Diagnose, die folgte, war keine gute. Unser Kind hatte ein komplettes Organversagen durch Darmverdrehung erlitten. Die Ärzte versetzten unseren Sohn in ein künstliches Koma. Ohne jegliche Vorwarnung stand unsere Welt auf dem Kopf.

»Der Tod ist nicht das schlimmste, das jetzt passieren kann«, sagte die Ärztin, bevor sie uns verließ. Dieser Tag wird mir für immer in Erinnerung bleiben. Wenn du als Eltern das eigene Kind leiden sehen musst und um dessen Leben und Gesundheit bangen musst, dann weißt du, dass du völlig machtlos in dieser Welt bist. Was ergibt dann eigentlich noch Sinn? Kann es dann überhaupt ein Warum geben?

An diesem Tag musste ich mich völlig machtlos mit der Vorstellung über den Tod meines Kindes auseinandersetzen. Eine Auseinandersetzung mit einer Problematik, die du nicht verändern kannst. Doch ich kam zu dem Entschluss, dass mein Kind eine Kämpfernatur war, genau wie ich. Ich war der Überzeugung, dass mein Sohn das überleben wird. In dieser Nacht sagte ich zu meiner Frau: »Es gibt immer eine Ausnahme – immer! Wir sind diese Ausnahme. Unser Xavi ist diese Ausnahme. Und in zehn Jahren werden die Ärzte noch anderen Familien mit demselben Schicksal begeistert unsere Geschichte erzählen und ihnen damit Mut machen. Unser Xavi schafft das!«

Dieser schwerste Tag in meinem Leben hatte mir gezeigt, dass Gedanken Realität schaffen können. Tatsächlich konnte sich das große Kämpferherz meines kleinen Jungen durchsetzen. Man konnte an weitere Operationen denken. Das Leben stand nicht mehr auf dem Spiel. Doch es war klar: Unser Junge wird kein normales Leben im herkömmlichen Sinne erfahren dürfen. Und das sterile Krankenhauszimmerchen wurde für die nächsten paar Monate unser neues Zuhause.

Warum dich schwere Tage weiterbringen

Schwere Tage stellen eine große Herausforderung im Leben dar. Du wirst dich fragen, warum es genau dir passiert. Warum dich das Schicksal härter trifft als alle anderen. Diese Tage musst du überwinden. Eines kann ich dir versprechen: Wenn du die Tage hinter dir hast, kannst du sie als Quelle deiner Kraft und Motivation nutzen. Denn an genau diesen Tagen lernst du dich selbst kennen. Nach diesen Tagen wirst du besser wissen, was für dich wichtig ist. Du wirst deine Werte erkennen und deinem Sinn des Lebens ein Stückchen näher gekommen sein.

Die mehr oder minder schweren Tage

Es gibt mehr oder minder schwere Tage. Das sind Tage, die zwar nicht groß von Belang in deinem großen Ganzen sind, die aber trotzdem keine Freude bereiten. An manchen Tagen kommst du schwerer aus dem Bett als an anderen. Der Weg zur Arbeit ist mühsam, Stau oder eine Fahrkartenkontrolle und du hast deine Fahrkarte zuhause vergessen. Im Büro lauert Stress mit dem Chef oder den Kollegen, die Kaffeetasse kippt auf deine Tastatur, dein Handy fällt auf den Boden ... Ich könnte diese Liste von lästigen Kleinigkeiten endlos fortsetzen, aber du weißt, wovon ich spreche. Eigentlich könnte alles so gut laufen, wenn es da nicht die paar Dinge gäbe, die unser Leben auf die Probe stellen. Und genau dann fragst du dich: Ergibt mein Leben eigentlich einen Sinn?

Nutze die Spannung und finde die Quelle deiner Unzufriedenheit

Wenn dein Leben gerade nicht so läuft, wie du es dir vorstellst, kannst du deine innere Unzufriedenheit nutzen und daraus eine mentale Stärke formen. Denn ganz logisch erklärt ist deine Unzufriedenheit das, was passiert, wenn du etwas in deinem Leben nicht gut findest. Ad hoc: Du musst etwas daran ändern. Und um zu erkennen, was du ändern musst, musst du erst einmal wissen, was dein Problem ist. Sind es Situationen, Umstände oder Menschen, die dein Unwohlsein hervorrufen?

Der richtige Weg aus deiner Unzufriedenheit ist der, der von Erkenntnis und Wahrnehmung geprägt ist. Auch wenn du dich gerade in einer Phase der absoluten Negativität befindest und alles aussichtslos erscheint, keine Angst: Es gibt immer eine Lösung!

Doch was passiert eigentlich, wenn du den Sinn des Lebens nicht findest?

Ich weiß, es ist manchmal einfacher gesagt als getan und noch viel einfacher geschrieben als umgesetzt, aber glaub mir, ich weiß, wovon ich spreche. Alles kostet plötzlich mehr Kraft, nichts macht mehr Spaß. Wie ist das eigentlich, wenn nichts mehr Spaß macht, was dich früher erfreut hat? Der Strudel der Unzufriedenheit hat bereits viele Leben gekostet. Tu mir einen Gefallen: Verfalle nicht in den Sog der Lethargie und der Depression. Es gibt immer einen Ausweg!

Wenn Menschen ihren Sinn im Leben verloren haben oder ihr Leben keinen Sinn mehr ergibt, dann sind sie meist geprägt von starker Unzufriedenheit und einem ausweglos erscheinenden Unglücklichsein. Wenn du einen Menschen, der sich selbst umbringen wollte, fragst, warum er diesen Entschluss gefasst hat, dann wird er dir sagen, dass in seinem Leben nichts mehr Sinn ergab. Er wird dir mitteilen, dass er absolut unglücklich war und er ohne Sinn nicht mehr leben wollte. Ohne Sinn ergibt das Leben also keinen Sinn? Verwirrend, aber wahr. Denn Sinn und Glück sind zwei Komponenten in deinem Leben, die Hand in Hand miteinander verschmelzen. Erst wenn du deinen Sinn im Leben gefunden hast, kannst du vollkommen glücklich sein. Und wenn du deinen Sinn nicht findest, dann bist du wahrscheinlich auch nicht vollkommen glücklich.

In diesem Buch wirst du erfahren, wie du dem Teufelskreislauf der depressiven Zustände entkommst. Ich werde dir aber auch verraten, wie du deinen Sinn finden und glücklich sein kannst.

Und ich sage dir noch etwas: Es ist wichtig, deine Unzufriedenheit herauszulassen! Fluche, schreie, lass es raus! Danach fällt dir das Sammeln leichter. Lass es raus und verabschiede es. Im dritten Kapitel werden wir deinem persönlichen Sinn des Lebens ein Stückchen näher kommen. Dazu musst du erkennen, was die Stränge deiner Unzufriedenheit sind. Hier werden wir der persönlichen Quelle deiner Probleme auf die Spur kommen.

Prüfe dein Verständnis

→ *Warum können dich schwere Tage weiterbringen?*
→ *Warum solltest du deinen Sinn des Lebens finden?*
→ *Übung: Kannst du dich an deinen bisher schwersten Tag in deinem Leben erinnern? Warum war dieser Tag so schwer? Was war das Problem?*

1.3 Der Sinn verändert sich mit seinen Aufgaben

Du hattest so viel Motivation für diese eine Sache, diese eine Vision. Schon in der Früh bist du voller Freude aufgestanden, am Abend bist du mit dem glücklichen Gefühl eingeschlafen, morgen wieder für diese eine Sache brennen zu dürfen. Doch irgendwie ist diese Sache im Sand verlaufen. Irgendwie ist deine Leidenschaft dafür geschrumpft. Der Erfolg hat auf sich warten lassen und jetzt glaubst du nicht mehr daran. Manche werden sich vielleicht dabei ertappen, einfach so zu tun, als würden sie noch mit Leidenschaft für diese eine Vision brennen. Doch irgendwann wirst du feststellen, dass es nun andere Dinge gibt, die dich mehr begeistern.

Was willst du eigentlich?

Immer wieder begegnet uns diese Frage im alltäglichen Leben. »Was will ich eigentlich?« Neben belanglosen Entscheidungen, wie »Was koche ich heute Abend?« oder »Was ziehe ich an?«, gibt es weitaus schwerwiegendere Fragen zu beantworten. Bestimmt hast du dir schon des Öfteren die wirklich wichtigen Fragen gestellt: »Was will ich eigentlich in meinem Leben?« oder »Was erwarte ich von meinem Leben?«. Dann hast du bestimmt gemerkt, dass das gar nicht so einfach zu beantworten ist. Deshalb hast du dich auch diesem Buch gewidmet. Denn wenn man nicht weiß, was man will, dann ist die Frage nach dem Sinn des Lebens auch nicht weit. Diese Fragen gehen oft Hand in Hand ineinander über.

Wir wissen, was wir nicht wollen

Meist wissen wir, was wir nicht wollen. Mal ist es zu heiß, mal zu kalt. Mal regnet es zu viel, manchmal zu wenig. Eigentlich möchtest du heute Abend mit deinen Freunden ein kühles Bier zischen, aber eigentlich bist du zu müde und liegst doch lieber auf deiner Couch. Aber bist jetzt mit deiner Entscheidung unzufrieden. Dabei hat es sich doch so gut angefühlt, als du dich dazu entschieden hast, heute die Füße still zu halten.

Aber weißt du was? Wenn wir wissen, was wir nicht wollen, dann ist das Wissen nach dem »Was wir wollen« gar nicht mehr so weit entfernt. Dazu machen wir nun eine kleine Übung.

Übung: Was-will-ich-Liste

Nimm dir Papier und Stift zur Hand. Mach auf deinem Blatt zwei Spalten. Auf der einen Seite schreibst du alle Dinge auf, die du nicht willst. Zum Beispiel: Ich will mich nicht langweilen. Ich will nicht, wenn jemand zu spät kommt. Ich möchte nicht immer mit der Bahn zur Arbeit fahren. Die Liste kannst du endlos lang gestalten. Bis dir nichts mehr einfällt. Das kann ein Blatt füllen, aber auch ganz viele Blätter beschriften. Wenn die Liste fertig ist, formulierst du genau die Gegenteile in der anderen Spalte. Also in diesem Fall wäre das: Ich mag Unterhaltung. Ich mag Pünktlichkeit. Ich möchte mit dem Fahrrad zur Arbeit fahren. Siehst du, du weißt eigentlich schon, was du willst.

In dieser einen Spalte deiner Liste stehen nun deine kleinen Zwischenziele, deine Zwischenetappen, die dich zu deinem großen Ziel führen werden. Auf jeden Fall kannst du dir diese Liste zu Nutze machen. Lies sie dir oft genug durch, um deine Wünsche zu festigen. Vielleicht steht auf der Liste auch ganz versteckt schon dein großes Ziel, dein Endziel. Vielleicht musst du es nur entziffern. Aber das werden wir im Laufe des Buches noch erlernen, wie das funktioniert. Hebe dir deine Liste gut auf. Sie wird im dritten Kapitel noch einmal wichtig werden.

Übrigens ...

Das große Phänomen ist sowieso, dass man immer das haben möchte, was man nicht hat oder haben kann. Ich erinnere mich an die Schulzeit, in der ich unbedingt mit einem Mädchen ausgehen wollte, bis genau zu diesem Zeitpunkt, als das Mädchen auch mit mir ausgehen wollte. Da waren dann meine Freunde doch plötzlich viel interessanter. Und so hat sich das im Laufe meines Lebens auch weiterentwickelt. Ich wollte oft das, was ich nicht haben konnte. Bis ich zu dem Punkt in meinem Leben kam, an dem ich beschloss, genau das zu wollen, was ich auch tatsächlich will. Du musst im Endeffekt bei einer Sache bleiben, von der du überzeugt bist. Eine Sache, die deinen Werten entspricht. Eine Sache, für die du brennst. Aber was ist, wenn sich diese eine Sache verändert und plötzlich eine andere wird?

Trainiere deinen Willen

Man kann einen starken Willen trainieren. Wenn du erst einmal weißt, was du willst, kannst du dieses Ziel verfolgen. Doch bedenke: Genau wie dein Sinn des Lebens sich verändert, so verändern sich auch deine Wünsche und Ziele. Und das ist okay. Denn deine Ziele, deine Wünsche und deine Erwartungen ändern sich mit ihren Aufgaben. Sie müssen nicht statisch und unbeweglich auf ihre Erfüllung warten. Genau wie der Sinn des Lebens. Vielleicht möchtest du im Regen gern wieder die Bahn zur Arbeit nehmen, denn das ist praktischer als das Auto und komfortabler als das Fahrrad. Dann würde es im Umkehrschluss heißen, dass du nur bei gutem Wetter mit dem Fahrrad fahren möchtest. Deine Was-will-ich-Liste kann sich verformen und detaillierter werden. Umso genauer du weißt, was du willst, umso einfacher kannst du die Verantwortung darüber übernehmen, so zu handeln, wie du es selbst willst.

Der Sinn des Lebens
ändert sich mit seinen Aufgaben

Erinnerst du dich an meinen Vergleich mit der Speisekarte? Dein Sinn des Lebens ist wie ein Kompass oder eine Speisekarte. Er verändert sich mit der Richtung, in die du läufst, oder mit dem Gang, den du wählst. Wenn du in die eine Richtung läufst und dir dafür einen Weg ausgewählt hast, können dort ganz andere Hindernisse und Situationen am Wegrand erscheinen, als es sie auf einem anderen Weg geben könnte. Doch das Leben ist kein Konjunktiv. Und so werden genau diese Hindernisse oder auch Situationen, negativ wie positiv, deinen selbstgewählten Weg formen. Diese Hürden werden auch deine weiteren Entscheidungen formulieren, die sich im Optimalfall dann an deinen Wünschen orientieren.

Läufst du zum Beispiel auf einem steinigen Weg, wirst du vermutlich ein gutes Schuhwerk benötigen. Du möchtest dann eine gute Sohle und vernünftige Schuhbänder. Wenn es regnet, ziehst du dir eine Regenjacke an, aber wenn die Sonne scheint, holst du vermutlich deinen Sonnenschutz hervor. Wenn du auf einem schneebedeckten Pfad gehst, brauchst du aber vielleicht ganz andere Utensilien, die dich deinem Ziel ein Stückchen näher bringen. Diese Utensilien werden dir auch helfen, deinen Weg interessanter und angenehmer zu gestalten. Wenn du zum Beispiel einen Schlitten hast, macht ein Schneeweg vielleicht doppelt so viel Freude als ohne.

Was ich dir damit sagen will, ist, dass du im Grunde genommen weißt, was zu tun ist. Du weißt genau, was du entlang deines Weges willst. Wenn du dich für eine Richtung entschieden hast, weißt du auch, welche Utensilien du für deinen Weg brauchst. Wenn du diese Erkenntnis auf deiner Suche nach dem Sinn des Lebens anwendest, dann weißt du, dass sich deine Zwischenziele, die sich auf deinen Sinn des Lebens fokussieren, verändern können, sobald sich die äußeren Umstände ändern. Wenn an deinem Wegrand plötzlich unvorhersehbare Hindernisse auftauchen, kann sich der Wunsch nach anderen Utensilien ändern.

Ein einfaches Beispiel wäre, dass du mit deinem Schlitten auf einem schneebedeckten Weg fährst und du jemandem begegnest, mit dem du gerne gemeinsam weitergehen möchtest. Dein bisheriger Schlitten wäre nun aber zu klein, um die Reise gemeinsam fortzusetzen. Entweder du wirst genau wie dein neuer Partner auch auf Schneeschuhe umsteigen, oder ihr werdet gemeinsam einen größeren Schlitten organisieren, um darauf gemeinsam zu fahren. Passe deine Utensilien an deinen Weg an.

Während deines Lebens passieren viele unvorhersehbare Dinge. Manche sind positiv, manche negativ. Du könntest im Lotto gewinnen, aber du könntest auch sehr krank werden. Dein Weg ist ein unvorhersehbares Konstrukt aus äußeren Einflüssen und Begegnungen. Deine Aufgabe ist es, deinen Sinn im Leben beweglich zu halten. Du musst zwar eine Richtung wählen, wenn du aber in deiner Wahl etwas elastisch bleibst, tust du dich im Leben leichter. Das soll nicht heißen, dass du dein Ziel aus den Augen verlieren, sondern lediglich nicht zu verkrampft nur die eine gefundene Lösung als richtig ansehen sollst. Deine Utensilien entlang des Weges spielen dabei eine wichtige Rolle. Es ist an dir, diese richtig auszuwählen.

Mit dieser Erkenntnis ist das ganze Sinn-des-Lebens-Konstrukt gar nicht mehr nur auf eine einzige Sinnfrage bezogen. Es gibt mehrere Sinne, die sich im Laufe deines Lebens ändern, da sich auch die Richtung deines Weges ändern kann. Wie das eben auch ein Kompass oder eine saisonale Speisekarte tun.

Formuliere deine Ziele und Wünsche

Doch um erst einmal loszulaufen, brauchst du eine Richtung. Wenn du nicht weißt, in welches Restaurant du willst, wirst du keine Speisekarte vor dir liegen haben. Wie du nun bestimmt erkannt hast, gibt es Folgendes zu tun: Zuerst musst du ein Ziel vor Augen haben. Dieses Ziel kann sich selbstverständlich ändern. Doch beachte, dass es sich nicht zu häufig ändern sollte. Wenn du dieses Ziel formuliert und vor deinen Augen hast, dann weißt du, welche Utensilien du für den Weg brauchst, um dein Ziel zu erreichen. Du musst dich also zunächst für eine Richtung entscheiden, um dir dann deine Utensilien für den Weg zu suchen.

Wenn du zum Beispiel ein fittes und gesundes Leben haben möchtest, wäre es dann nicht komisch, wenn du dir im gleichen Atemzug eine Zigarette anzünden würdest? Wäre es nicht verantwortungsvoller, für ein gesundes und fittes Leben viel Sport zu treiben, sich um die Ernährung zu kümmern und den Geist zu füttern? Wenn du weißt, was du willst, kannst du deine Handlungen besser definieren, um so im Endeffekt auch glücklich zu sein. Nur so kannst du selbst die Verantwortung für dein Leben übernehmen. Denn wenn du nicht weißt, was du willst, kann es dir passieren, dass du im Leben herumgeschubst wirst. Dann definieren deine Arbeit, deine Mitmenschen oder andere Situationen das, was du tust. Aber sobald du die Verantwortung über deine eigenen Wünsche übernimmst, bekommst du auch die Macht über dein Leben. Es ist sehr wichtig, sich darüber bewusst zu sein. Um sein Handeln selbst zu bestimmen, muss man wissen, was man will.

Alte Visionen, neue Ziele?

Du weißt nicht mehr, ob du für deine Vision brennst? Deine Leidenschaft ist kleiner geworden, oder du bist dir nicht mehr sicher, ob deine Idee einen Sinn ergibt? Doch bevor du deinem Projekt den Rücken zukehrst, solltest du deine Vision einmal aus einer anderen Perspektive betrachten. Nur so erfährst du, ob dein Projekt noch deine Leidenschaft wert ist. Vielleicht brauchst du lediglich einen neuen Anlauf, einen kleinen Kurswechsel. Möchtest du weiter an deiner Idee festhalten? Oder hast du bereits andere Dinge im Visier? Hierbei können dir Mitmenschen, Freunde oder Coaches helfen, einen anderen Blickwinkel auf deine Idee zu werfen. Ich helfe dir gerne, deine Vision auf Glaubhaftigkeit zu prüfen. Als Coach habe ich eine gute Sicht auf Ziele, Träume und Wünsche, ich sehe aber auch, welche Träume eigentlich bereits zerplatzt sind. Sind es deine Träume wert, daran festzuhalten?

Prüfe dein Verständnis

→ *Warum verändert sich der Sinn des Lebens?*
→ *Warum ist es wichtig, eine Richtung zu haben?*
→ *Übung: Denke an ein von dir gestecktes Ziel. Welche Utensilien hättest du gerne, um dieses zu erreichen?*

1.4 Kenne deine Werte

In vielen Büchern und Vorträgen über den Sinn des Lebens geht es um Werte. Dann heißt es, wenn du ein Leben nach deinen Werten lebst, dann lebst du ein sinnerfülltes Leben, welches in sich stimmig ist. Werte sind also der Schlüssel zu einem sinnvollen Leben. Doch was sind eigentlich diese Werte, von denen jeder spricht? Warum machen Werte einen Charakter aus? Was ist der Unterschied zwischen Werten und Zielen? Lass uns das Phänomen Werte genauer erkunden.

Orientierungshilfe: Werte

Werte sind wie Verkehrsschilder in deinem Leben. Kleine Grundregeln, nach denen du versuchst zu leben. Mit Werten steuerst du deinen Weg und somit helfen dir Werte bei deiner Orientierung im Leben. Werte machen aber auch einen Charakter aus, denn mit bestimmten Werten formst du deine Persönlichkeit.

Wenn deine Werte zum Beispiel aus Loyalität, Dankbarkeit und Freundlichkeit bestehen, wirst du vermutlich eine gute Persönlichkeit haben. Leute werden dich als guten Menschen erkennen und es mögen, sich mit dir zu umgeben. Legst du jedoch Wert auf oberflächliche Dinge wie gutes Aussehen, Materialismus und Coolness, so kann es sein, dass auch deine Freundschaften an der Oberfläche bleiben, da dein Charakter ein sehr oberflächlicher ist.

Wertesysteme und Heimat

So wie du deine Werte wählst, so wählst du auch deinen Charakter. Nun muss man etwas aufpassen, da einem viele Werte quasi bereits in die Wiege gelegt werden. Man wächst in einem bestimmten Wertesystem auf und übernimmt die Anschauungen des Umfelds.

Im Süden von Deutschland spielen große Autos zum Beispiel eine wichtige Rolle. Mehr Menschen legen hier Wert auf das Statussymbol Auto. Wächst du hier auf, ist es für dich unter Umständen normal, Wert auf gute Autos zu legen. Wenn du nun aber umziehst und in einer anderen Stadt eine Wohnung hast und dort Fuß fassen möchtest, kann es sein, dass du die Einstellung zu Autos änderst. Vielleicht möchtest du dann lieber ein kleines Auto haben, um eine gute Parklücke zu bekommen, oder du brauchst dein Auto eigentlich gar nicht mehr, weil dich der Verkehr aufhält, und so kaufst du dir eventuell einen Roller. Da dir die Gesellschaft nicht mehr vorgibt ein teures Auto zu fahren, kannst du dich ohne gesellschaftliche Zwänge Mitteloder Kleinwagen widmen, da du nun auch keinen Wert mehr auf große Autos legst.

Es gibt einen Gruppenzwang der Werte, sei dir darüber im Klaren. Denn so wie in dem Beispiel gerade eben verhält es sich quasi mit allen Werten. Du musst genau überprüfen, ob die Werte, nach denen du lebst, auch deinen eigenen Wertvorstellungen entsprechen. Oft ist es nämlich so, dass wir einfach die Werte, ohne zu hinterfragen, übernehmen. Prüfe also alle deine Werte genau, bevor du dein Leben daran orientierst. Was du übrigens noch wissen solltest, ist, dass sich Menschen meist immer mit jenen Menschen umgeben, die die gleichen Werte haben.

Was ist der Unterschied
zwischen Werten und Zielen?

Ziele und Werte, das hört sich ja alles ähnlich an. Und doch unterscheiden sich die beiden. Der größte Unterschied zwischen Werten und Zielen ist vor allem der, dass du nach deinen Werten lebst, diese aber nicht erreichen kannst. Im Vergleich dazu kannst du deine Ziele erreichen und bist dann glücklich. Zumindest im Optimalfall. Werte können also nicht erreicht werden. Werte werden lediglich gelebt.

Ich gebe dir mal ein Beispiel aus meinem Leben: Ich lege viel Wert auf Gesundheit. Das ist ein Wert. Ich kann nun gesund leben, gesund essen und Sport treiben. Aber ich werde den Wert Gesundheit nicht erreichen, da er immer präsent ist. Ich lebe diesen Wert. Als mein Ziel kann ich mir setzen, dass ich einen trainierten Körper haben möchte. Wenn ich also viel trainiere, dann erreiche ich mein Ziel. Erkennst du den Unterschied?

Was hat der Sinn des Lebens mit Werten zu tun?

Im ersten Teil haben wir uns mit der Terminologie des Sinnbegriffs auseinandergesetzt. Wir wissen daher, wie man die Frage nach dem Sinn verstehen kann. Da wir in der deutschen Sprache die Sinnfrage also als die Frage nach dem Ziel oder Zweck des Lebens verstehen, hat auch der Wert einen Teil der Frage beizutragen. Denn indem wir nach dem Zweck unseres Daseins fragen, fragen wir gleichzeitig nach der Bedeutung, nach dem Nutzen und eben nach dem Wert unseres Lebens.

War früher alles einfacher?

Früher hat es sich mit den Werten anders verhalten. Menschen hatten oft keine eigenen Werte, sie lebten nach den Werten und Idealen ihrer Stämme oder Religionen. Diese starken Werte haben den Menschen damals einen Sinn vermittelt. Niemand stand in der Früh auf und fragte sich, ob er heute glücklich war. Verstehe mich nicht falsch, mit Sicherheit haben sich auch damals viele Menschen die Frage nach dem Sinn gestellt. Dennoch war der allgemeine Tenor eher so ausgerichtet, dass man den Herrschenden huldigte oder ganz einfach sein eigenes Überleben sicherte. Sei dir dieses Faktes bewusst: Wenn du vor einem hungrigen Tiger davonläufst, wirst du dir nicht die Frage nach dem Sinn stellen. Der Sinn ist dann dein Überleben.

Was ist passiert?

Aber ist dir schon mal aufgefallen, dass auch heute die meisten Menschen keine individuellen Werte mehr haben? Traditionelle Werte wurden durch Idealvorstellungen von persönlichem Luxus und gesellschaftlicher Anerkennung ersetzt. Jeder Mensch will zu jeder Minute, am besten sofort und immer glücklich sein. Das Maximum an Spaß und Freude hat die Tradition von Werten etwas aus unserem Sichtfeld verdrängt. Doch anstatt glücklich zu werden, handeln wir pessimistischer und notorisch unzufriedener als je zuvor. Obwohl es uns offensichtlich gut geht, fehlt uns etwas. Obwohl wir die große Freiheit haben, uns nach unserem Sinn des Lebens zu fragen und uns in einem Pool von unausgeschöpften Möglichkeiten suhlen, finden wir nicht das, was uns eigentlich etwas wert ist. Etwas, das uns erfüllt und uns nachhaltig glücklich macht. Der gewonnene Luxus macht uns müde. Wir wissen nicht mehr, was unsere Werte sind oder was sie eben nicht sind.

Wertehierarchie und Möglichkeiten

Die Sinnfrage ist dennoch eine Luxusfrage. Eine Frage der modernen Zeit. Durch die vielen verschiedenen Möglichkeiten, die wir in der westlichen Welt haben, unser Leben zu gestalten, rückt auch die Sinnfrage immer mehr in den Vordergrund. Denn wie kann man sich für eine Möglichkeit entscheiden, wenn es doch so viele gibt. Und machen dann eigentlich alle Möglichkeiten einen Sinn? Hier kommen die Werte wieder ins Spiel. Denn deine Werte bieten dir eine Orientierungshilfe zu dem, was du eigentlich vom Leben erwartest und was im Endeffekt für dich auch einen Sinn ergeben kann.

Wenn du zum Beispiel deinen Sommerurlaub planst und du dich zwischen einem Campingurlaub und einem Hotelaufenthalt entscheiden musst, dann rufst du deine persönliche Wertetabelle im Inneren auf. Hier kannst du anhand deiner Wertehierarchie erkennen, welche Art von Urlaub du lieber machen willst. Legst du zum Beispiel mehr Wert auf ein Frühstücksbuffet, bequeme Matratzen und eine Klimaanlage im Zimmer, dann wirst du dich ganz klar für den Hotelaufenthalt in deinem Urlaub entscheiden.

Genauso kannst du deine Wertehierarchie auch auf andere Situationen anwenden. Du siehst also, dass Werte dir ein Wegweiser für deine Entscheidungen sind. Wenn du dich in einer Position befindest, in der du dich für etwas entscheiden musst, rufst du oft ganz unbewusst deine Wertetabelle auf. Aber bist du dir deiner Werte überhaupt bewusst?

Kennst du deine Werte?

Wenn du deinen Sinn des Lebens finden willst, musst du wissen, was deine Werte sind. Denn nur wenn du ein Leben nach deinen Werten lebst, dann erscheint es dir sinnvoll. Doch was ist es, was dir etwas wert ist? Worauf legst du Wert? Und was ist für dich eigentlich wertlos?

Deine persönlichen Werte und vor allem deine Wertehierarchie unterscheiden dich von allen anderen Menschen. Das heißt nicht, dass du andere Werte als der Rest der Welt hast. Aber dein Wertesystem ist deine ganz individuelle Eigenschaft. Denn nur du wertest deine Werte genau so, wie du es eben tust. Daraus entsteht eine Wertehierarchie. Das ist eine Abstufung der Werte, welchen du besonderen Wert zukommen lässt. Und diese Hierarchie macht deinen Charakter und deine Persönlichkeit aus. Deine Wertetabelle ist jederzeit abrufbar und unterstützt dich bei deiner Entscheidungsfindung.

Eigentlich wissen wir insgeheim, was unsere Werte sind. Werte wachsen mit unserer Persönlichkeit. Zwar haben wir schon zu Beginn unseres Lebens ein Verständnis dafür, aber im Laufe der Zeit bilden wir immer wieder neue Werte und verabschieden eventuell alte. Es ist sehr wichtig, immer wieder eine Inventur deiner Werte zu machen. Denn da sich deine Werte ändern, musst du immer wieder aufs Neue prüfen, was deine aktuellen Favoriten, sprich deine Topwerte, sind. Außerdem solltest du alte Werte auch hier und da verabschieden und aus deiner Tabelle löschen. Denn nur mit wirklich aktuellen Werten kannst du auch die Entscheidungen treffen, die dir jetzt sinnvoll erscheinen und dich nachhaltig glücklich machen.

Übung: Deine Wertehierarchietabelle

In diesem Kapitel möchte ich wieder eine Übung mit dir machen. Wir werden nun deine aktuelle Wertehierarchie überprüfen. Schreibe alle deine Werte auf, die dir wichtig sind. Nimm dir dafür ausreichend Zeit und fokussiere dich auf deine Werte. Hast du diese Liste so weit fertig, geht es nun ans Ranking. Welche Werte sind dir besonders wichtig? Welche kannst du eher vernachlässigen?

Dir fällt das schwer? Stellen wir es anders an: Schreibe deine Werte auf Karten. Bist du damit fertig, wählst du ganz willkürlich zwei aus und vergleichst sie miteinander. Welcher Wert ist dir mehr wert? Stell dir am besten Situationen vor, in denen die Werte eine Rolle spielen. So wirst du deine Topwerte herausfinden.

Zum Beispiel: Deine Werte sind Loyalität und Wahrheit. Nehmen wir an, dein Freund betrügt seine Frau und du weißt das. Was machst du? Bist du loyal deinem Freund gegenüber oder verrätst du seiner Frau die Wahrheit? Welcher Wert ist dir wichtiger?

Mit dieser Übung kannst du deine persönlichen Favoriten unter den Werten herausfinden. Diese Favoriten können dir in vielen Situationen helfen, den Überblick zu behalten. Vergiss nicht, deine alten Werte, die du nicht mehr vertrittst, aus deiner Wertetabelle zu löschen.

Warum du nach deinen Werten leben solltest

Werte können dir helfen, Entscheidungen zu treffen und in Konfliktsituationen den Durchblick zu behalten. Sie sind dein Wegweiser zu deinem Ziel. Wenn du nach deinen ganz persönlichen Werten lebst und dabei deine Wertehierarchie berücksichtigst, erscheint dir dein Leben sinnvoll.

Wenn du zum Beispiel eine Meinungsverschiedenheit mit einem Kollegen hast, kannst du mit Hilfe von Werten den Konflikt eindämmen oder eventuell sogar ganz umgehen. Dazu ist es wichtig, sich die Werte seines Gegenübers anzusehen. Welche Werte sind für deinen Kollegen wichtig? Welche Werte vertritt er? Und welche Werte bestimmen deinerseits gerade diesen Konflikt? Sei offen, dir die Werte deines Gegenübers anzusehen und sie mit in deine Entscheidung aufzunehmen. Werte können dann zum Beispiel die Zusammenarbeit und Kompatibilität mit anderen Menschen erleichtern.

Prüfe dein Verständnis

→ *Warum solltest du deine Werte kennen?*
→ *Wie können dir Werte in Konfliktsituationen helfen?*
→ *Übung: Ideales Werteverständnis! Suche mindestens vier Werte, nach denen du lebst und vergleiche die Idealvorstellung des Wertes mit deiner eigenen Vorstellung. (Nehmen wir zum Beispiel Loyalität. Was bedeutet es für dich, ein loyaler Freund zu sein? Wie wird Loyalität in einem Wörterbuch definiert? Was gibt es dabei für Unterschiede oder Gemeinsamkeiten zu deiner Vorstellung? Was ziehst du selbst daraus für eine Schlussfolgerung?*

1.5 Wer bin ich

Wer bist du eigentlich? Diese Frage ist sehr verknüpft mit der Frage nach dem Sinn des Lebens. Nachdem du nun weißt, welche Werte dir wichtig sind, bist du der Frage nach dem »Wer bin ich« schon ein gutes Stück weitergekommen. Um zu wissen, was für dich und dein Leben einen Sinn ergibt, solltest du aber auch wissen, wer du bist.

Doch die Frage ist nicht so einfach zu beantworten. Manche brauchen ein ganzes Leben, um dieser Frage eine angemessene Antwort zukommen zu lassen. Ich will dich an dieser Stelle nicht entmutigen. Wenn du dich mit dieser Frage beschäftigst, wirst du auch eine Antwort finden.

Du solltest wissen, dass es das jetzige Du gibt und dass es das Du nach der Veränderung geben wird. Denn wenn du dieses Buch gelesen hast und die Übungen dazu gemacht hast, dann wirst du nicht mehr derselbe sein, der du jetzt bist. Wenn du dich einmal mit all den Fragen nach deiner eigenen Existenz und dem Sinn deines Daseins beschäftigt hast, kannst du diese so schnell nicht wieder ignorieren.

Wer bist du jetzt?

Wer bist du? Damit meine ich nicht dein Aussehen, deinen Job oder deinen Familienstatus.

Erinnerst du dich noch an die Poesiealben aus der Grundschulzeit? Das Leben war so einfach. Du wusstest genau, was du werden wolltest, und hast die Frage nach dem »Wer bin ich?« mit deinem Namen beantwortet. Aber ein Steckbrief beantwortet nicht meine Frage: »Wer bist du wirklich?«

Die Frage nach dir selbst beinhaltet mehrere Faktoren. Deine Werte und deine Ziele sind auch ein großer Teil davon. Doch du bestehst auch aus deinen Fähigkeiten, deinen Interessen und deinen Eigenschaften. Du bist dein Charakter und deine Persönlichkeit. Jeder Mensch ist anders, denn jeder ist verschieden. Auch wenn eine andere Person die gleichen Fähigkeiten wie du besitzt, diese Person wird diese anders ausleben und erleben. Du bist wirklich nur du. Aber was macht dich aus? Was macht dich wirklich einzigartig?

In Vorstellungsgesprächen wird oft nach deinen Schwächen und Stärken gefragt. Natürlich binden wir dem neuen Vorgesetzten nicht unbedingt unsere schlimmste Schwäche auf den Rücken, dennoch ist es nicht unbedingt schlecht, die Frage wahrheitsgemäß zu beantworten. Denn jeder Mensch hat Schwächen, genau wie auch Stärken. Ist man sich derer bewusst, kann man auch damit arbeiten. Im dritten Kapitel werden wir noch einmal verstärkt auf diese Fragen eingehen.

Übung

Nimm dir ein wenig Zeit, um folgende Frage für dich selbst zu beantworten. Schreibe zu jeder Frage mindestens drei Eigenschaften/Attribute auf.

1. Was sind deine Stärken?
2. Was sind deine Schwächen?
3. Was interessiert dich?
4. Was macht dich besonders?
5. Was ist dir wichtig? (Hier kannst du deine Wertetabelle aus dem vorherigen Teil verwenden.)

Wenn du diese Fragen wahrheitsgemäß beantwortest, dann wirst du danach einen besseren Überblick über dich selbst haben.

Wenn es dir schwerfällt, diese Fragen zu beantworten, dann kannst du auch Freunde oder Familienmitglieder hinzuziehen und diese die Fragen über dich beantworten lassen.

Wer sind die anderen?

Auch hier musst du zunächst eine Inventur machen. Denn die Welt gibt uns oft vor, wer wir zu sein haben. Erfolg, Geld, Karriere, Ansehen, all die Eigenschaften und Werte, nach denen man strebt. Sind das eigentlich Dinge, die du selbst auch wählen würdest? Ist es dir wichtig, ein hohes Ansehen in der Gesellschaft zu haben? Oder reicht es dir, wenn dich deine Freunde wertschätzen? Wie verhält es sich eigentlich mit deiner Einstellung zu Geld? Brauchst du die teuerste Armbanduhr oder reicht dir eigentlich eine funktionierende Uhr, die ihren Zweck erfüllt, auch aus?

Bevor du all die Eigenschaften glaubst, die du als deine eigenen Ansichten wahrnimmst, solltest du eine Prüfung vornehmen. Diese Prüfung solltest du nicht nur machen, weil es sein kann, dass du deine Ansichten ohne Hinterfragen aus der Gesellschaft übernommen hast. Deine Ansichten verändern sich auch von Zeit zu Zeit. Denn du änderst dich im Laufe deines Lebens. Deshalb ist es wichtig, deine Eigenschaften immer mal wieder an die aktuellen Lebensumstände anzupassen.

Zum Beispiel kann es sein, dass du früher lieber auf der Couch gelegen hast, weil du glücklich liiert warst. Heute bist du aber vielleicht Single und möchtest eine/-n neue/-n Partner/-in kennenlernen. Deshalb bist du nun keine Couchpotato mehr, sondern ein aktiver Mensch. Deine Eigenschaften haben sich also geändert. Die Inventur entsorgt daher das Attribut »faul« von deiner Ego-Liste. So kannst du es mit den restlichen Eigenschaften auch machen. Wer bist du in genau deiner jetzigen Lebensphase?

Wer willst du sein?

Da du nun ein bisschen mehr weißt, wer du bist, wollen wir uns nun der Frage widmen »Wer willst du eigentlich sein?«. Du hast weiter oben gerade einige Attribute und Eigenschaften zusammengetragen, die dich ausmachen. Nun gilt es diese zu bewerten und zu hinterfragen. Möchtest du diese Eigenschaften überhaupt haben? Möchtest du dieser Mensch sein, der du bist? Wenn ja, ist das eine gute Sache, dann bist du schon mal der, der du sein möchtest, und deinem Sinn im Leben näher, als du denkst. Aber vielleicht fallen dir ein paar Eigenschaften ein, die du gerne mit in dein Sortiment aufnehmen möchtest. Oder aber andere, die du von deiner Liste lieber löschen würdest. Wie möchtest du von anderen gesehen werden? Wie möchtest du dich selbst sehen? Dazu machen wir eine kurze Übung.

Übung

Schreibe mindestens fünf Attribute und Eigenschaften auf, die du noch nicht in deiner Liste hast. Wie schaffst du es, diese zu erreichen? Wie kannst du daran arbeiten, dass diese Eigenschaften Teil deiner Persönlichkeit werden?

Das eigene Sein als Sinn verstehen

Wenn du dein Sein als Sinn verstehst, wirst du, ganz platt ausgedrückt, geboren, um zu sterben. Das klingt nun erst einmal ganz schön dramatisch. Deine Existenz hat einen Anfang, um ein Ende zu haben. Dazwischen ist das Sein. Dieses gilt es mit Inhalt zu füllen. Meist wissen wir nicht, wann uns das Ende auflauern wird. Das könnte man als Spannungsbogen unseres Lebens betrachten. Der ganz einfache Sinn in deinem Leben ist also deine Existenz.

Günther Anders, ein deutscher Philosoph im 20. Jahrhundert, hat dazu Folgendes auf Papier gebracht:

> *»Warum setzen Sie eigentlich voraus, dass ein Leben, außer da zu sein, auch noch etwas haben müsste oder auch nur könnte – eben das, was Sie Sinn nennen?«*[3]

Stimmt das? Sind wir da, um zu existieren? Alte Zen-Lehren im Buddhismus sehen das Sein als Sinn an. Die reine Existenz ist das Zen. Das Zen erreichen die Mönche bei der Meditation – pures Sein. Viele Philosophen sind der Meinung, dass es keinen weiteren Sinn des Lebens gibt. Daher sehen sie die Suche nach dem Sinn des Lebens als sinnlos an. Denn in ihren Theorien verstehen sie die Suche nach dem Sinn als etwas Gedankliches. Der Sinn des Lebens ist nicht ertastbar, er ist lediglich in unseren Gedanken. Daher ist der Sinn des Lebens nur Gedankengut und nicht das wirkliche Leben. Denken wir diese Gedanken weiter, dann möchte diese innere Stimme eine Erklärung für ihr Sein. Doch damit wollen wir uns an dieser Stelle nicht zufriedengeben.

Prüfe dein Verständnis

→ *Warum solltest du wissen, wer du bist?*
→ *Was heißt Zen?*
→ *Übung: Übertrage deine Antworten auf deine Stärken. Wie kannst du an diesen Stärken arbeiten, um sie noch stärker zu machen?*

---

3   Günther Anders: *Die Antiquiertheit des Menschen.* Band II, C. H. Beck, München 1980, Kapitel Die Antiquiertheit des Sinns, S. 369: *Über die Zerstörung des Lebens im Zeitalter der dritten industriellen Revolution.*

Teil II

Nützliches Wissen für die Suche nach dem Sinn des Lebens

Wenn du dich auf die Suche nach dem Sinn des Lebens begibst, solltest du dir über einige Dinge bewusst sein. In diesem zweiten Teil gebe ich dir wichtige Wissenstipps mit auf den Weg, die dir helfen, deine Ziele zu formen und zu verfolgen.

»Gutes Werkzeug, halbe Arbeit.«
Sprichwort

2.1 Das richtige Mindset haben

Als ich mich dazu entschied, mit Fitnesstraining zu beginnen, war ich oft der Meinung, dass manche Leute einfach mehr Ausdauer haben als andere. Die ganzen Mucki-Menschen mussten einfach eine ausdauernde Willenskraft haben, um ihre Muskeln auf dieses Niveau zu bringen und es dann gleichzeitig zu halten. Als ich aber genauer hinsah, musste ich feststellen, dass es vor allem das Mindset der Menschen war, das darüber entschied, wie viel oder wie lange sie trainierten. Ihr Mindset unterschied sie von den anderen. Denn das Mindset entscheidet darüber, ob du deinem Ziel näher kommst.

Mindset, das ist die Art und Weise, wie man über eine Sache denkt oder wie man an eine Sache herangeht. Fängst du an Sport zu machen, bist du wahrscheinlich extrem motiviert. Diese Motivation hält dann vermutlich die ersten drei Wochen. Doch dann kommt die Routine. Dein Mindset wird unmotivierter, du bist nicht mehr so optimistisch wie am Anfang. Anstatt im Fitnessstudio zu stehen, könntest du jetzt doch auch mit Freunden zusammensitzen. Dein Mindset hat sich bereits in den ersten Wochen geändert. Diejenigen, die weitermachen und bei ihrer Sache bleiben, diesen wird nachgesagt, sie hätten ein starkes Mindset und somit eine ausgeprägte Willenskraft.

Diese Beobachtung war einer der Gründe, warum ich Motivationscoach wurde. Ich wollte den Menschen helfen, dass sie ihre Motivation finden und diese dann auch halten. Doch was hat das alles mit der Suche nach dem Sinn des Lebens zu tun?

Zunächst einmal musst du deinen Sinn des Lebens finden. Das passiert, wie wir bereits wissen, nicht von heute auf morgen. Dein Sinn des Lebens lauert wahrscheinlich nicht an der nächsten Straßenecke. Du brauchst also Motivation bei der Suche. Hast du deinen aktuellen Sinn des Lebens dann gefunden, musst du ihn auch verfolgen. Du setzt dir Zwischenziele, überwindest Durststrecken oder Durchhänger. Du brauchst ein bestimmtes Mindset dafür. Ein Mindset, das dich nicht gleich aufgeben lässt, wenn mal etwas schiefläuft. Ein Mindset, das dich nicht gleich enttäuscht, wenn du im Dunkeln tappst.

Denn im Endeffekt verhält es sich mit deinem Mindset so: Dein Mindset, das sind deine Gedanken, aus welchen Emotionen werden und diese wiederum dann deine Handlungen sind. Hast du ein positives Mindset, dann werden vermutlich auch deine Handlungen positiv sein. Und genauso verhält es sich auch andersherum. Denkst du ständig negativ, dann ist deine Handlung negativ geprägt und die Welt erscheint sehr grau. Versteh mich nicht falsch, du sollst dir keine Regenbogen in deiner Wohnung aufhängen und ständig mit einer rosaroten Sonnenbrille durch die Welt laufen. Aber deine Negativität hat keinen positiven Einfluss auf dein Leben.

In sieben Schritten zu einem positiven Mindset

Diese sieben Schritte werden dir dabei helfen, ein positives Mindset zu erlangen. Probiere es selbst. Ich kann dir versprechen, dass du damit Erfolg haben wirst. Ich habe die Übung bereits mit einigen meiner Klienten durchgeführt. Fast alle wurden dadurch positiv berührt.

Schritt 1: Sprich positiv mit dir selbst
Die Art, wie du dir selbst gegenübertrittst, beeinflusst deine Gefühle. Denn es heißt sogar, dass 95 % deiner Gefühle am Tag über einen inneren Monolog ausgelöst werden. Deshalb ist es wichtig, dass du die Verantwortung über deine innere Stimme übernimmst. Wenn sich deine emotionale Seite gerade mal wieder mit Einflussfaktoren beschäftigt, die dir schaden könnten,

gewinnen meist negative Gedanken die Oberhand. Denn evolutionär ist der Mensch immer damit beschäftigt, potenzielle Gefahren zu meiden. Überlege dir, wie und wann du positive Monologe in deinen Tag integrieren kannst. Wofür bist du zum Beispiel dankbar? Oder was hast du heute schon erreicht? Positive Gedankenrituale können dir helfen, jeden Tag deine guten Gedanken zu festigen und damit dein positives Gesamt-Mindset stärken.

Schritt 2: Stell dir immer wieder dein ideales Leben vor
Du weißt, was du willst? Stell es dir vor! Denn bevor der Mensch etwas schaffen kann, muss er es zuerst in seinen Gedanken haben. Erst wenn du dein Ziel vor Augen hast, dann kannst du es auch erreichen. Umso konkreter dein Bild im Kopf ist, umso gefestigter wird dein Mindset dieses Bild erschaffen wollen.

Schritt 3: Umgib dich mit positiven Menschen
Dein Umfeld macht ganz viel aus, wie du dich fühlst und mit welchen Gedanken du dich umgibst. Wenn du dich beispielsweise mit erfolgreichen Menschen umgibst, dann wirst du auch dein Leben in die Hand nehmen wollen. Wenn du jedoch negative Faulenzer um dich geschart hast, wirst du nicht auf die Idee kommen, frühmorgens schon eine Runde joggen zu gehen, um dich danach zielstrebig auf die Arbeit fokussieren zu wollen. Auch ständige Horrorszenarien aus den Nachrichten wirken auf dich ein. Dein Umfeld beeinflusst dich enorm. Du musst selbst entscheiden, mit wem du deine Zeit verbringst. Da dein Umfeld auf dich abfärben wird, solltest du darauf achten, dass du dich von Pessimisten fernhältst. Umgekehrt ist es so, dass auch deine Art auf deine Mitmenschen wirkt. Auch du beeinflusst Menschen. Daher solltest du dich fragen, wie du auf Menschen wirkst. Möchtest du ein positives Umfeld haben, solltest du auch positiv sein.

Schritt 4: Achte auf deinen Konsum

Wir wissen, dass ein gesunder Geist in einem gesunden Körper wohnt. Gesunde Ernährung macht einen gesunden Körper. Aber wie fütterst du eigentlich deinen Geist? Der gesunde Körper allein reicht nicht aus, um deinen Geist gesund zu halten. Der tägliche Input für dein Gehirn trägt einen großen Teil zu deinem Mindset bei. Füttere deinen Geist also mit möglichst gesunder Nahrung, das heißt, vermeide mentales Fast Food. Weiterbildung ist ein essentielles Gebot für ein gesundes und positives Mindset.

Schritt 5: Entwickle dich ein Leben lang persönlich weiter

Es ist sehr wichtig, sich in seinem Leben ständig weiterzuentwickeln. Du kannst es mit Sport vergleichen. Ein Wellenreiter würde sich nie auf seinem Erfolg einer gerittenen Welle ausruhen. Er würde immer versuchen, die nächste Welle länger und besser zu reiten. Vielleicht wird die nächste Welle auch größer als die davor sein.

Genauso verhält es sich in deinem Leben mit allen Eigenschaften. Der Mensch möchte sich weiterentwickeln. Wenn sich die Menschheit nicht weiterentwickelt hätte, gäbe es heute vielleicht keine Autos oder Aufzüge. Wir wüssten vielleicht sogar gar nicht, dass die Erde eine Kugel ist. Um ein positives Mindset zu erlangen, darfst du dich nicht in deiner Komfortzone ausruhen. Du musst sie regelmäßig verlassen, um Erfolge zu haben.

Schritt 6: Betrachte das Leben aus einer ganzheitlichen Perspektive

Dein Leben ist eine Einheit mit vielen verschiedenen kleinen Einheiten. Da gäbe es zum Beispiel die Einheit Beruf, die Einheit Familie, dann sind da Freunde, Freizeit, Ernährung und so weiter. Um ein gutes Mindset zu haben, musst du alle Bereiche in deinem Leben berücksichtigen. Wenn du dich nur auf deinen Job fixierst, dafür aber deine Familie zu kurz kommt, kannst du kein einheitliches Leben führen. Alle Bereiche in deinem Leben müssen gepflegt werden.

Schritt 7: Gehe davon aus, dass es klappt

Der letzte Tipp für ein positives Mindset, den ich dir an die Hand geben möchte, ist folgender: Deine Erwartungshaltung wird zu deiner Handlung. Nur wenn du ein gesundes und positives Mindset hast, dann wird auch deine Handlung positiv sein. Wenn du davon ausgehst, dass eine Sache klappt, hast du eine größere Gewähr, dass es funktioniert. Denn so wie du an eine Sache herangehst, so verhältst du dich auch.

Nehmen wir das Beispiel erstes Tinder-Date: Du gehst auf ein Date und gehst davon aus, dass dein Gegenüber dich nicht gut findet. Wie verhältst du dich? Genau, du bist verschlossen und ängstlich. Glaubst du, dass dein Verhalten sich positiv gegenüber deinem Tinder-Date präsentiert? Nein. Du wirkst dann nämlich unsympathisch. Das Date wird ein Flopp. Wenn du aber positiv und gut gelaunt bei dem Date erscheinst, wird dein Gegenüber von deiner Aura eingeschlossen und das Date wird mit Sicherheit besser verlaufen.

Als ich mit dem Stand-up-Paddleboard über den Rhein fuhr, bin ich zu 100 % davon ausgegangen, dass es klappen wird. Natürlich überlege ich auch, was schiefgehen könnte. Du sollst nicht naiv in Situationen rennen, aber eine positive Grundeinstellung zu deinen Herausforderungen im Leben verspricht dir eine höhere Erfolgsquote. Auf jeden Fall erspart sie dir das Grübeln und Zweifeln vor der überhaupt stattfindenden Situation.

Prüfe dein Verständnis

→ *Warum ist das Mindset so wichtig?*
→ *Was heißt es, ein positives Mindset zu haben?*
→ *Übung: Fallen dir Situationen ein, wann du negativ mit dir selbst sprichst? Was sind die Auslöser dieser Situationen? Kannst du diese ändern und ins Positive verwandeln?*

2.2 Warum du glaubst, was andere sagen

Machst du dir Gedanken darüber, was andere von dir denken? Ist dir die Meinung von anderen Menschen wichtig? Was machst du eigentlich, wenn niemand zusehen kann? Damit meine ich nicht, dass du in der Nase bohrst, wenn keiner hinschaut. Wer bist du, wenn dir niemand zusieht und dich bewertet? Damit du deinen Sinn im Leben finden und deine Ziele verfolgen kannst, ist es wichtig, dass du der Meinung anderer kein zu großes Gewicht schenkst. Denn dein Sinn des Lebens ist wirklich nur dein individueller und persönlicher Sinn. Genau wie deine Wertehierarchie, diese gibt es auch nur einmal.

Darum sollten wir nicht zu viel
auf die Meinung anderer geben

Solange du dich sorgst, was andere über dich denken, wirst du nicht komplett so sein, wie du es eigentlich willst. Es wird dich immer ein Teil davon abhalten, dich komplett zu entfalten. Ist das nicht schade? Weil du dich sorgst, was andere über dich denken, gehen deine möglichen Potenziale verloren. Hast du darüber schon mal nachgedacht?

Es gibt vor allem zwei Punkte, warum dich andere aufhalten können. Auf der einen Seite gibst du der Meinung anderer zu viel Gewicht. Auf der anderen Seite vergleichst du dich mit anderen Menschen. Eine Eigenschaft, die uns allen zu eigen ist. Er hat mehr Geld, sie läuft schneller. Die Haare wachsen besser und schneller, das Auto von deinem Nachbarn ist neuer. Das ganze Leben ist ein Vergleich. Stopp! Vergleichen bringt dich nicht weiter. Es gibt aber auch noch eine dritte Seite, warum dich das Denken über andere einschränkt. Du hast Angst, andere Menschen zu enttäuschen. Wir sind soziale Wesen und wollen im Normalfall unser Umfeld erfreuen und nicht vor anderen Menschen versagen. Wir sehen es als unsere Pflicht an, uns korrekt zu verhalten. Das könnte man auch moralisches Verhalten nennen. Bei manchen ist diese Moral ausgeprägter, bei manchen eingeschränkter. Fakt ist, dass das Denken über andere uns in gewissen Maßen einschränkt, egal ob wir uns vergleichen, enttäuschen oder die Meinung anderer zu hoch schätzen.

Nehmen wir an, du entscheidest dich, bewusst auf tierische Produkte in deiner Ernährung zu verzichten. Nun bekommst du bestimmt von vielen Leuten Anerkennung, einige werden deine neue Esskultur aber ins Lächerliche ziehen. Ist es dir wichtig, was andere sagen? Eigentlich sollte es dir nicht wichtig sein. Verfolgst du ein Ziel, an das du glaubst, ist es wichtig, dich nicht wegen anderen Meinungen davon abbringen zu lassen. Genauso wenig solltest du deinen neuen veganen Lebensstil mit anderen vergleichen. Auch wenn es viele gibt, die sich schon seit zig Jahren vegan ernähren, du hast es eben erst jetzt geschafft. Und darauf kannst du stolz sein. Enttäuschen kannst du hierbei übrigens nur dich selbst.

Warum uns die Meinung der anderen wichtig ist

Warum ist es dir eigentlich wichtig, was andere über dich denken? Warum reicht es dir nicht aus, was du selbst von dir hältst? Oft ist es so, dass wir uns selbst nicht genügend Anerkennung schenken und deshalb den Zuspruch anderer brauchen, um uns gut zu fühlen. Wäre es nicht schön, wenn es dir reichen würde, was du selbst von dir hältst?

Stell dir mal vor, du kannst dir selbst so viel Anerkennung geben, dass es dich nicht mehr interessiert, was Nachbar A und Kollege B von dir halten. Würde dich das Urteil der beiden dann noch kümmern?

Um dich selbst wertzuschätzen, musst du ein Leben nach deinen Werten leben. Denn wenn du nach deiner Wertehierarchie lebst, wirst du ein Leben führen, dem du genügend Anerkennung schenken wirst. Dadurch bekommst du ausreichend Selbstvertrauen. Du musst dir dann die Anerkennung und Wertschätzung nicht mehr bei anderen Menschen holen. Wenn du der Mensch bist, der du sein möchtest, dann hast du deinen vollen Respekt. Vergiss aber nicht, dir auch Fehler und Scheitern zu erlauben. Keiner ist perfekt.

Übung

Sammle jeden Tag kleine Erfolge, die du dir vor Augen hältst. Für diese täglichen Erfolge schenkst du dir Anerkennung und lobst dich. Mach das jeden Tag von dem Zu-Bett-Gehen. Du wirst sehen, es tut gut zu sehen, was du heute alles erreicht hast.

Wie du Bezugswerte für dich nützlich machst

Zwar schränken uns die Meinungen anderer ein, dennoch kann man die Bezugswerte anderer auch als nützlich erachten. Denn ohne Bezugswerte kannst du Dinge auch nicht einschätzen. Ohne Bezugswerte gäbe es auch keine Ideale. Und ohne Ideale könnte man Dinge oft nicht einschätzen.

Aber Vorsicht mit Idealvorstellungen. Bevor du ein Ideal als Ideal betrachtest, solltest du dieses überprüfen. Ist die Idealvorstellung auch deine Idealvorstellung? Und ist deine Vorstellung des Ideals überhaupt realistisch? Siehst du nur die Vorderseite des Ideals, oder hast du auch die Hinterseite betrachtet? Halten dich manche Idealvorstellungen von deinem Traum ab? Und wie kompatibel sind eigentlich deine Ziele mit Idealvorstellungen?

Nehmen wir an, die Idealvorstellung ist es, ein großes Haus zu haben. Da es aber dein Ziel ist, möglichst viele Länder zu bereisen, wäre es dann nicht irgendwie komisch, ein großes Haus zu haben? Stell dir vor, du verbringst all deine freien Tage im Ausland oder auf anderen Trips. Während deiner Arbeitszeit kannst du das große Haus nicht genießen. Dennoch kostet das große Haus viel Geld, da ständig etwas anderes erneuert werden muss und die Heizkosten im Winter nerven dich auch. Außerdem muss dieses Haus sauber gehalten werden. Warum würdest du an dieser Idealvorstellung festhalten? Wäre es nicht sinnvoller, sich ein kleineres Zuhause anzuschaffen und das Geld in Urlaube zu investieren? Idealvorstellungen können sich auch mal täuschen. Prüfe deine Ideale, bevor du dein ganzes Leben danach ausrichtest.

Übung

Schreibe eine Liste mit deinen Idealvorstellungen. Bewerte anschließend diese mit Schulnoten von 1 bis 6. Auf welche Ideale kannst du eigentlich verzichten?

Prüfe dein Verständnis

→ *Warum ist dir die Meinung anderer wichtig?*
→ *Wie kannst du dir die Bezugswerte anderer zu Nutze machen?*
→ *Übung: Stell dir vor, du wachst in der Früh auf und die Meinung anderer ist nicht mehr wichtig für dich. Was würdest du als Erstes tun?*

2.3 Warum dich deine Komfortzone aufhält

Komfortzone – das hast du bestimmt schon öfter gehört. Aber was ist die Komfortzone und warum hält sie dich eigentlich auf? Klingt doch gar nicht so schlecht, eine Zone für deinen Komfort. Doch ich muss dich an dieser Stelle leider enttäuschen. Dein Sinn des Lebens und damit verbunden dein Glück liegen außerhalb deiner Komfortzone. Ich gebe dir bereits jetzt den einen Rat: Erweitere deine Komfortzone, wann immer du kannst! Es können kleine Schritte, aber auch große Schritte sein. In jedem Fall werden es Schritte sein, die dich deinem Sinn des Lebens näher bringen. Denn eines ist klar: In deiner Komfortzone wirst du deinen Sinn des Lebens nicht finden.

Was ist die Komfortzone?

Deine Komfortzone ist wie ein Kreis um dich herum. Eine Zone, in der du die Mitte bist. Diese Zone ist deine Wohlfühlzone. Hier kennst du alles und hier fühlst du dich zuhause. Innerhalb der Komfortzone ruhst du dich aus. Hier befindet sich alles, was du bisher weißt und was du erreicht hast. Hier sind deine sozialen Kontakte und deine Familie. In der Komfortzone sind auch deine Fähigkeiten und das, was du dir zutraust. Klingt prinzipiell ja eigentlich ganz gut. Wäre da nicht der Fakt, dass die Komfortzone sich wie ein Zaun verhält. Innerhalb des Zaunes möchtest du alles beschützen, denn die Dinge innerhalb der Komfortzone sind quasi dein Schatz. Außerhalb dieses Zaunes lauern die Gefahren und das Unbekannte. Dort könnte sich potenzielles Versagen zeigen. Außerhalb deiner Komfortzone zu sein bedeutet in der Unsicherheit zu sein. Doch weißt du, was außerhalb auch ist? Außerhalb warten neue Fähigkeiten, neues Glück und dein Sinn des Lebens.

In der Mythologie befindet sich der Schatz immer an Orten, die nur schwer zugänglich sind. Das Gold liegt zum Beispiel in der Höhle des Drachen oder die Schatztruhe ist im Wrack eines untergegangenen Schiffes. Auch wenn dies nur Geschichten sind, so kann man daraus schließen, dass das Glück nicht auf einem silbernen Tablett serviert werden wird. In keiner Sage war es einfach, den Schatz zu finden. Genauso wenig einfach ist es, das eigene Glück zu finden.

Warum hält dich die Komfortzone auf?

Da du alles innerhalb deiner Komfortzone beschützen willst, fällt es dir schwer, diesen Kreis zu verlassen. Innerhalb deiner Komfortzone hast du die Sicherheit, die du dir wünschst. Außerhalb befindet sich alles, wovor du Angst hast. Doch wenn wir uns unserer Angst nicht stellen, dann können wir im Leben nicht vorankommen. Wenn du Ziele hast, musst du deine Komfortzone zwangsläufig verlassen, da deine neuen Ziele nicht in deiner Komfortzone Platz haben. Wenn du neue Ziele erreichen möchtest, musst du deine Sicherheit ein Stück weit aufgeben. Das heißt nicht, dass du dich gegenüber einem hungrigen Löwen platzieren musst, nur weil du ans andere Ende der Wüste gelangen willst. Aber du musst einen Weg raus aus deiner Komfortzone finden, auf dem du immer noch entspannt laufen kannst, ohne täglich existentiellen Gefahren ausgesetzt zu sein.

Wie oft hält dich deine Angst, deine Komfortzone zu verlassen, davon ab, genau das zu tun, was du eigentlich tun willst. Die Sicherheit eines bezahlten Jobs und ein Dach über dem Kopf lassen viele Menschen in einem Hamsterrad rennen. Du gehst jeden Tag zur Arbeit, um die Schulden für dein Haus abzubezahlen. Was ist aus deinem Traum geworden? Du wolltest einen kreativen Job, aber dieser versprach geringere Erfolgschancen als ein konservativerer Bürojob? Es geht nicht nur dir so.

Viele Menschen nehmen aus der Angst, zu versagen und auf der Straße zu landen, einen Job an, der sie vielleicht über kurz oder lang nicht glücklich macht. Irgendwann fragen sie sich dann nach dem Sinn des Lebens und sehen ihre Komfortzone als lästig an. Verlassen wollen sie diese dennoch nicht. Denn der Mensch ist auf Sicherheit gepolt. Doch mal ganz ehrlich, was ergibt das Leben für einen Sinn, wenn du dich nur in deiner Komfortzone aufhältst und keine neuen Erfahrungen sammelst?

Die Komfortzone ist eine Illusion

Wusstest du, dass dein Sicherheitsbedürfnis aus deiner Angst heraus entsteht? Deine Komfortzone ist nichts anderes als deine eingezäunte Sicherheitszone. Draußen lauern die Gefahren. Doch wusstest du auch, dass Katastrophen sowieso passieren können? Klar, innerhalb deiner Komfortzone setzt du dich nicht so vielen Gefahren aus wie außerhalb. Doch wir sehen immer wieder, dass wir nichts gegen manche Katastrophen tun können. Pandemien, Naturereignisse oder uns betreffende Krankheiten können schlagartig das Leben vieler oder gar alles komplett verändern, auch wenn wir in unserer Komfortzone sind.

Die Komfortzone hält dich also unnötigerweise auf, neue Erfahrungen zu sammeln oder neue Ziele zu erreichen. Und das ohne wirklichen Grund, denn passieren kann im Endeffekt auch im geschützten Umfeld etwas. Sicherheit ist also eine Illusion, denn du kannst dein Leben so oder so nicht kontrollieren. Als Tipp kann ich dir an dieser Stelle geben, dass du deine Aufmerksamkeit weg von dem, was Schlimmes passieren könnte, lenkst und dich positiven Gedanken widmest, die dir zeigen, was du alles erreichen kannst.

Anstatt zu versuchen, dein äußeres Umfeld mit Sicherheitsgedanken zu kontrollieren, könntest du stattdessen an deiner

Persönlichkeit arbeiten, um der Angst als starke Person zu begegnen. Wäre es nicht toll, wenn du allem, was dir das Leben bringt, gewachsen wärst? Das kannst du trainieren. Vor allem aber musst du an dich glauben und deine Ängste überwinden. Wie du mit zwei Techniken deine Angst überwinden kannst, erfährst du im nächsten Kapitel.

Prüfe dein Verständnis

→ *Was ist die Komfortzone?*
→ *Warum ist die Komfortzone wie ein Zaun?*
→ *Übung: Denke an eine Situation, in der du deine Komfortzone bereits verlassen hast. Hat es dich positiv bereichert, deinen sicheren Garten zu verlassen?*

2.4 Wovor hast du eigentlich Angst?

Angst hält uns oft ab, etwas zu tun, was wir eigentlich tun wollen.
Der Mensch hat ein großes Bedürfnis nach Sicherheit. Dieses
Bedürfnis hat die Wurzeln in deiner Angst. Prinzipiell ist daran
erst einmal nichts verkehrt. Die evolutionären Gedanken, sich
zu verteidigen und zu beschützen, ist einer der Instinkte, die
unser Überleben über viele Jahrhunderte gesichert haben. Doch
dieser Urinstinkt kann dir auch im Weg stehen. Sobald Angst
dein Leben diktiert, bist du nicht mehr frei das zu tun, was du
eigentlich tun willst. Denn deine Angst hält dich davon ab, deine
Ziele zu verfolgen und präsent am Leben teilzunehmen. Mit der
Angst im Rücken wirst du deine Komfortzone nicht verlassen.
Und das, wie wir bereits wissen, bringt dich bei deiner Suche
nach dem Sinn des Lebens nicht weiter.

Finde eine Technik, deine Ängste zu überwinden

Selbstverständlich kann alles schiefgehen. Bevor du deine Komfortzone verlässt, solltest du einen Plan haben, wohin dein Weg
geht. In welcher Richtung befindet sich dein Ziel? Blind aus deiner sicheren Zone rennen ist keine Option. Wenn du nicht weißt,
wohin die Reise geht, ist es schwierig, eine Rechtfertigung dir
selbst gegenüber zu finden, warum du aus deiner Komfortzone
entweichen solltest.

Wenn du aber ein Ziel vor deinen Augen hast, kannst du dich guten Gewissens auf den Weg aus der sicheren Zone herausmachen.
Wenn du beschließt, etwas Neues anzufangen, dann solltest du
an die guten Dinge, die dir passieren können, denken. Es ist ganz
wichtig, deine Zeit nicht mit Horrorszenarien zu verplempern.
Negative Zukunftsvorstellungen bestärken deine Komfortzone
und so wirst du sie dann auch nicht verlassen wollen. Wenn du

aber an das Gute denkst, das kommen kann, fällt es dir leichter, deine Ängste zu kontrollieren und zu überwinden. Denke an das Mindset, das wir weiter vorn im Buch besprochen haben. Positive Gedanken führen zu positiven Handlungen.

Ich verrate dir nun zwei Techniken, wie du deine Ängste überwinden kannst. Du kannst die beiden Techniken bei allen Arten von Ängsten nutzen, um diese zu vertreiben. Ich stelle dir jetzt also zwei Wege vor, die dich aus deiner Angstspirale herausbringen können: Du kannst deine Angst mit noch mehr Angst oder aber mit Mut vertreiben. Im Folgenden erfährst du, wie das geht.

Ich kann dir an dieser Stelle nicht versprechen, dass nichts Schlimmes eintreten wird, wenn du deine Komfortzone verlässt. Katastrophen sind unvorhersehbar. Aber ich kann dir sagen, dass der, der nicht wagt, auch nicht gewinnt. Dein ganzes Leben in einer Komfortzone zu sitzen und nach dem »Was wäre, wenn …« zu fragen, hat noch niemanden weitergebracht. Nimm deine Persönlichkeit bei der Hand und rede ihr gut zu. Ich bin ehrlich zu dir: Du wirst in deinem Leben immer Angst haben. Doch wenn du sie in eine richtige Richtung lenkst, kann sie dir im Leben vielleicht sogar helfen.

Angst mit Angst besiegen

Du kannst deine Angst mit Angst bekämpfen! Das klingt unlogisch? Wenn du deine Angst in die richtige Richtung kanalisierst, dann kannst du dir deine Angst zu Nutze machen. Stell dir vor, du rauchst seit vielen Jahren Zigaretten. Deiner Gesundheit wegen möchtest du nun aber Nichtraucher werden. Aber du hast große Angst davor, das Rauchen aufzugeben. Du hast zum Beispiel Angst davor, deine Routine zu verlieren, da deine Tage ohne das Rauchen ganz anders ablaufen werden. Außerdem kannst du dich als Nichtraucher nicht mehr mit Zigaretten belohnen oder in Raucherpausen mit anderen Menschen ins Gespräch kommen. Der vielleicht größte Faktor deiner Angst ist jedoch, dass du bei dem Versuch aufzuhören scheitern könntest.

Machen wir uns einmal Gedanken. Was könnte dich mehr zum Aufhören motivieren? Das positive Ziel, gesünder zu sein? Oder die Angst vor einem Herzinfarkt? Du wirst mit Sicherheit schnell die zweite Option gewählt haben. Richtig, du hast Angst vor einem Herzinfarkt. Du kannst deine Angst vor etwas mit der noch größeren Angst vor negativen Konsequenzen bekämpfen. In diesem Fall hast du zwar Angst, beim Versuch, das Rauchen aufzugeben, zu scheitern, doch hast du noch mehr Angst vor einer negativen, gesundheitlichen Konsequenz, wenn du weiterhin rauchst. Diese Angst kannst du vergrößern, indem du der Angst vor gesundheitlichen Schäden mehr Aufmerksamkeit als der Angst vor dem Scheitern schenkst.

Diese Technik kannst du auch beim Verlassen des Hamsterrades anwenden. Zwar hast du Angst, dein sicheres Umfeld zu verlassen, dennoch hast du zum Beispiel noch mehr Angst davor, dein ganzes Leben zu verpassen. Wenn du deine Komfortzone niemals verlässt, kannst du den Sinn des Lebens nicht finden. Aber weil du dieses Buch liest, möchtest du auch deinen Sinn des Lebens finden. Hast du nicht Angst davor, ihn nicht zu finden? Sei offen, deine Komfortzone zu verlassen!

Angst mit Mut überwinden

Wovor hast du eigentlich Angst? Hast du Angst, Fehler zu machen? Hast du Angst zu versagen? Du kannst trotz deiner Angst handeln, das nennt man mutig. Mutig bezeichnet denjenigen, der trotz Angst handelt. Mut ist also der Schlüssel, deine Angst links liegen zu lassen und an ihr vorbeizugehen.

Wusstest du, dass die meisten bereits scheitern, wenn es darum geht, groß zu träumen? Die meisten Menschen werden bereits von ihrem Mut verlassen, wenn es ans Pläneschmieden geht. Mut haben bedeutet auch, seine eigenen Potenziale zu erkennen und auszuschöpfen. Da du dir erst einmal vorstellen musst, Erfolg zu haben, musst du auch dich in der Position des Erfolgreichen sehen können. Bereits das erfordert Mut. Du brauchst genügend Selbstüberzeugung, um dir gewisse Dinge zuzutrauen. Du musst dir den Erfolg also auch zumuten können.

Als ich jünger war, war ich mit einem Freund auf Reisen unterwegs. Wir hatten alles geplant. Leider wurde mein Freund von Heimweh überfallen und er brach den Trip frühzeitig ab. Nun konnte ich genau wie er mit nach Hause fliegen. Ich konnte aber auch mutig sein und den Trip alleine fortsetzen. Natürlich hatte ich Angst, allein in einem fremden Land zu reisen. Damals war die Welt noch nicht so gut verbunden und man hatte nicht an jeder Ecke Instagram, Skype und Co., um schnell mal nach Hause zu telefonieren. Ich hatte Angst, aus meiner Komfortzone auszubrechen. Ich hatte Angst, dass ich allein nicht so viel Spaß haben würde, dass ich mich nicht zurechtfinden würde und dass ich vielleicht sogar einsam werden könnte. Ich setzte meinen Trip dennoch fort. Es war die beste Entscheidung, die ich treffen konnte. Ich begegnete zahlreichen anderen Backpackern, Menschen, die genau wie ich alleine auf der Reise waren und die mich herzlich aufnahmen. Ich war niemals einsam, ich hatte eine Menge Spaß und ich fand auch meistens den richtigen Weg. Mein Mut, alleine weiterzureisen, eröffnete mir eine ganz neue Welt. Diese Erfahrung möchte ich nie missen müssen.

Ich habe meine Angst mit Mut überwunden. Das kannst auch du. Sei einfach mutig. Denke an die positiven Dinge, die dir passieren können. Denke an die neuen Erfahrungen, die du sammeln kannst. Wenn du immer nur wartest, sei es auf Menschen oder

Situationen, dann kann es sein, dass du am Ende dein ganzes Leben warten wirst.

Prüfe dein Verständnis

→ *Warum ist Angst wichtig?*

→ *Wie kannst du deine Angst überwinden?*

→ *Übung: Stell dir vor, es ist der letzte Tag in deinem Leben und du möchtest deinen Enkeln eine Geschichte aus deinem Leben berichten. Was erzählst du?*

2.5 Was erfolgreiche Menschen anders machen

In deiner Vorstellung gibt es oft dich und die anderen. Die anderen, das sind jene, die möglicherweise erfolgreicher sind als du. Sie haben mehr Geld, einen besseren Job, eine intaktere Familie. Sie sehen glücklich aus, wenn du sie triffst oder sie auf der Straße an dir vorbeilaufen. Stopp mit diesen Gedanken! Erstens haben wir bereits besprochen, dass du dich nicht mit anderen vergleichen sollst. Es gibt fast acht Milliarden Menschen auf dieser Welt. Es geht nicht allen besser als dir. Hör auf mit diesem Selbstmitleid.

Aber weißt du was, die Gedanken an andere Menschen können dir in einer gewissen Hinsicht helfen. Denn Erfolg kann man messen und es gibt tatsächlich erfolgreiche Menschen. Welche Bereiche du dabei als Erfolgsbereiche definieren möchtest, sei ganz allein dir überlassen. Erfolgreiche Menschen fallen nicht immer mit Talent oder einem Sack voll Geld vom Himmel. Erfolg ist meist das Resultat harter Arbeit.

Erfolgsmenschen haben etwas gemeinsam – sie gehen Dinge anders an. Und das beginnt bereits bei den Gedanken. Du kannst dieses Wissen über das Handeln erfolgreicher Menschen für dich nutzen. Denn auch bei deiner Suche nach dem Sinn des Lebens möchtest du Erfolg haben. Du möchtest erfolgreich dein Ziel erreichen. Sehen wir uns also an, was erfolgreiche Menschen anders machen.

Wie denken erfolgreiche Menschen?

Bevor ich dir verrate, wie erfolgreiche Menschen denken, möchte ich dir etwas sagen: Glaube kann Berge versetzen. Deine Gedanken sind der Grundbaustein deiner Handlungen und diese wiederum formen deinen Erfolg.

Hohe Ziele stecken

Erfolgreiche Menschen wissen das. Daher beginnen sie ihr Fundament mit großen Zielen in ihren Gedanken. Indem wir uns nämlich große Ziele setzen, glauben wir an unsere Ziele und das motiviert uns.

Wie erreiche ich mein Ziel?

Wenn sich erfolgreiche Menschen ein hohes Ziel gesteckt haben, denken sie nicht darüber nach, ob sie es erreichen, sondern wie sie es erreichen. Gedanken, die sich mit »ob« aufhalten, kommen zu keinem erfolgreichen Ergebnis. Gedanken, die sich aber mit dem Wie beschäftigen, können dich zu einer fundamentierten Lösung bringen. Auch hier gilt wieder die Devise – halte dich nicht mit negativen Gründen für das Nicht-Erreichen deiner Ziele auf, sondern beschäftige dich mit produktiven Gedanken, die dir das Erreichen deiner Ziele ermöglichen.

Alles ist erlernbar

Wenn du dir nun den Weg zu deinem Ziel in Gedanken vorgestellt hast, kann es sein, dass du auf einige Hürden gestoßen bist. Aber ich sage dir nun etwas: Du kannst alles erlernen. Genau das machen erfolgreiche Menschen. Sie erweitern jeden Tag ihr

Wissen und ihre Fähigkeiten. Du kannst jeden Tag nutzen, um etwas Neues zu lernen. Du möchtest zum Beispiel ein Buch schreiben, aber weißt nicht, wie das geht? Im Internet findest du Millionen von Ratgebern, Tutorials, Podcasts und Videos zu genau diesem Thema. Nutze deine freie Zeit, um dir neues Wissen anzueignen.

Bist du bereit für Veränderung?

Bist du überhaupt bereit für die Veränderung? Du hast dir ein Ziel gesetzt, du weißt, wie du es erreichen kannst, du hast alle nötigen Vorbereitungen getroffen. Jetzt musst du nur noch loslegen. Aber auf einmal plagen dich Gedanken, ob du das alles überhaupt möchtest? Erfolgreiche Menschen wollen die Veränderung, sie sind bereit für die veränderten Umstände, die eintreten werden. Wenn du dein Ziel erreichen möchtest, musst du auch bereit für die Veränderung sein. Lass dich darauf ein und sei bereit dich selbst zu verändern. Denn deine Veränderung bringt nichts, wenn nicht auch du dich selbst mit veränderst.

Erlaube dir Fehler

Um erfolgreich zu werden, musst du dir auch Fehler erlauben dürfen. Keiner ist perfekt. Erfolgreiche Menschen wissen das. Sie gehen nicht davon aus, dass nichts schiefgehen kann. Sie erlauben es sich, Fehler machen zu dürfen. Das ist wichtig. Du musst dir darüber bewusst sein, dass du scheitern kannst. Erlaube es dir. Wenn du dir nur positive Ergebnisse erlaubst, dann wirst du nicht erfolgreich werden, denn das ist fast unmöglich. Nobody is perfect.

Disziplin ist wichtig

Eines haben alle erfolgreichen Menschen gemeinsam: Sie sind sehr diszipliniert. Ohne Disziplin kann man nicht erfolgreich sein. Hast du ein Ziel, das du erreichen willst, musst du dieses diszipliniert verfolgen. Lass es nicht aus den Augen. Jetzt denkst du dir vielleicht, oh nö, Disziplin ist nicht meine Stärke. Keine Angst, du kannst deine Disziplin wie einen Muskel trainieren. Du wirst immer besser darin werden, deine Aufgaben diszipliniert zu erledigen. Und das Tolle daran ist, dass du mit Disziplin viel mehr Zeit haben wirst als davor.

Mit Disziplin entscheidest du selbst über deinen Willen. Das heißt, du handelst auch dann, wenn du eigentlich gar keine Lust hast. Glaub mir, mit ausreichend Disziplin wirst du feststellen, dass du selbst über dein Leben bestimmst. Deine primitiven Triebe werden dann nicht mehr dein Leben für dich diktieren. Klingt gut? Es ist nicht schwer! Das kannst du auch!

Übrigens: Disziplin kostet dich eigentlich keine Kraft, sie gibt dir eher welche zurück. Diese Kraft kannst du dann für andere Tätigkeiten verwenden. Disziplin braucht lediglich Kraft, wenn du neue Dinge in dein Leben integrieren willst. Aller Anfang ist schwer. Aber desto öfter du die neue Tätigkeit wiederholst, umso eher wird diese zur Gewohnheit und umso leichter fällt sie dir.

Du kannst deine Disziplin trainieren, indem du jeden Tag, anstatt deinen Wecker auf Schlummern zu drücken, einfach aufstehst. Bereits dieser Ablauf hat etwas mit Disziplin zu tun. Es gibt weitere Übungen, wie du deine Disziplin schärfen kannst. Du fängst mit kleinen Routinen an. Du wirst sehen, wenn du erst einmal Wohlgefallen an einem disziplinierten Lebensstil gefunden hast, wird es dir nicht mehr schwerfallen, große Ziele anzupacken.

Aufgeben ist KEINE Option

Der letzte Tipp, was erfolgreiche Menschen anders machen, ist dieser, dass sie niemals aufgeben. Der einzige Fehler, an dem du nämlich tatsächlich scheitern kannst, ist der, aufzugeben. Rückschläge oder Fehler können jedem passieren. Doch was unterscheidet erfolgreiche Menschen von jenen, die ihren Traum nicht erreichen? Richtig, sie geben nicht auf. Wenn sie einen Rückschlag erleben, eruieren sie das Problem und lernen aus ihren Fehlern. Denn Fehler sind dazu da, um aus ihnen zu lernen. Die Informationen, die du dabei lernst, sind wertvolle Begleiter für deinen Weg zum Ziel.

Übung

Was ich dir jetzt noch mit an die Hand geben möchte, ist der Fakt, dass du nicht nur dein Ziel als Ziel sehen solltest. Schenke vielmehr auch deiner positiven Veränderung, die du während des Erreichen deines Zieles vollziehst, Beachtung. Denke an ein Ziel, das du dir schon einmal gesetzt hast. Wer warst du, bevor du dir dieses Ziel gesteckt hast? Wer warst du danach? Wie hat sich dein Mindset gegenüber diesem Ziel verändert? Hast du auf dem Weg zum Beispiel mehr Wissen hinzubekommen? Hast du dich weitergebildet, weil du wissen wolltest, wie du dieses Ziel erreichen kannst? Hast du auf dem Weg Neues kennengelernt? Kannst du stolz auf dich sein?

Wie ich mein Ziel erfolgreich erreicht habe

Kannst du dir vorstellen mit einem Stand-up-Paddleboard über den Rhein zu paddeln? Ich konnte mir das auch nicht vorstellen. Ich fand meine Motivation erst, als ich mir vorstellte, einen Weltrekord zu knacken. Mein hochgestecktes Ziel ermutigte und motivierte mich, die Mission SUP über den Rhein zu starten. Dennoch wusste ich weder, wie man mit einem Stand-up-Paddleboard effektiv von A nach B kommt, noch wusste ich über die Strömungen oder den Schiffsverkehr über den Rhein Bescheid. Ich musste mir also neues Wissen aneignen. Ich arbeitete einen Trainingsplan aus, um mich auf meine Herausforderung vorzubereiten. Anfangs fiel es mir zwar schwer, dieses neue Training in mein Leben zu integrieren, dennoch wurde es von Tag zu Tag leichter. Theoretisches Wissen und praktisches Training ließen mich dann mit einem Stand-up-Paddleboard über den Rhein fahren und einen Weltrekord aufstellen. Du musst fest an deine Ziele glauben.

Prüfe dein Verständnis

→ *Was machen erfolgreiche Menschen anders?*
→ *Wie denken erfolgreiche Menschen?*
→ *Übung: Welche Ziele könnten dich wirklich motivieren? Was hält dich davon ab, diese Ziele zu erreichen?*

2.6 Was macht dich glücklich?

Bist du glücklich? Bestimmt hast du schon mal darüber nachgedacht. Dann bist du wahrscheinlich auf die Antwort gekommen, dass du vielleicht nicht wirklich unglücklich, dennoch aber auch nicht voll und ganz glücklich bist. Glücklich kann niemand sein, der darüber nachdenkt. Denn sobald du deinen Verstand einschaltest, kannst du nichts mehr von deinem Glück spüren. Aber was bedeutet es überhaupt, glücklich zu sein? Bist du glücklich, wenn du deinen Sinn des Lebens gefunden hast? Bist du glücklich, wenn du Spaß hast? Ist Lachen das sichtbare Glück? In unserer heutigen Zeit dreht sich sehr viel darum, glücklich zu sein. Wir wollen nach diesem Zustand allzeit greifen und auf Knopfdruck abrufen können. Doch was sind eigentlich die Momente, in welchen du wirklich dein Glück spüren kannst? Wann bist du glücklich?

Glücklich zu sein bedeutet seine Gedanken zu verlassen

Das klingt nun etwas weit hergeholt. Dennoch ist es wahr. Sobald du wirklich glücklich bist, hast du aufgehört zu denken. Wenn du dich deiner Leidenschaft hingibst, dann ist dein Verstand nicht mehr an erster Stelle. Er zieht sich dann zurück und lässt deinem Gefühl die Oberhand. Kennst du das nicht? Du gibst dich einer Sache völlig hin und vergisst dabei den Rest der Welt? Wenn du etwas vollkommen wahrnimmst, hörst du auf zu denken. Du kannst Fühlen und Denken im Allgemeinen nicht wirklich gut verbinden.

Denn umgekehrt ist es so, dass du, wenn du viel nachdenkst, nicht glücklich bist. Dein Verstand zeigt dir dann Fehler auf, die du in der Vergangenheit gemacht hast, oder aber auch, was du in der Zukunft falsch machen könntest. Meist richtest du deine

Gedanken auf Probleme, die anstehen oder eintreten könnten. Das macht dich klein. Und wenn du klein bist, ist es schwierig, dein großes Glück zu finden.

Doch soll ich dir etwas sagen? Deine Probleme existieren in der Wirklichkeit eigentlich gar nicht. Das soll natürlich nicht heißen, dass deine Probleme nicht real sind, dennoch sind deine Probleme vor allem in deinem Kopf. Deine negativen Gedanken verfestigen sich zwar so weit, dass du die negativen Schwingungen aufnimmst und sie wahrhaftig erlebst, trotzdem sind es eigentlich vor allem Gedanken, die dich plagen. Es ist ganz wichtig, dies zu wissen. Dazu gibt es eine Übung, die du in allen Momenten anwenden kannst, wenn du das Glas mal wieder als halbleer betrachtest.

Übung

Lenke deine Aufmerksamkeit bewusst auf deine Außenwelt. Nimm dein Umfeld in seinem vollen Spektrum wahr. Befinde dich im Hier und Jetzt. Jetzt hörst du für ein paar Minuten auf zu denken. Du spürst die Luft um dich herum, du siehst, was um dich herum passiert. Das kann eine menschenvolle Straße sein, aber auch dein Zuhause. Atme tief durch und aktiviere alle deine Sinne. Denk jetzt nicht an deine Probleme. Nimm das wahr, was außerhalb deiner Problemzone liegt. Was siehst du? Was spürst du? Was riechst du? Wenn du deinen Fokus bewusst auf deine Außenwelt legst, wirst du merken, dass nichts mehr an dir zieht und reißt. Deine Probleme sind mit deinen Gedanken an sie verschwunden. Wenn du dich darauf einlassen kannst, wirst du merken, wie eine Last von dir abfällt. Mach dies einige Minuten. Danach kannst du mit neuer Energie an die Lösungsgedanken deiner Probleme appellieren.

Was dich nicht glücklich macht

Ablenkung

Du kennst diese Tage, an denen nichts mehr hilft, außer sich von gewissen Tatsachen einfach abzulenken? Deine heutigen Probleme haben dich bereits zu viele Stunden mürbe gemacht. Du bist von deinem Partner verlassen worden und suchst die Ablenkung in deinem neuen Partner. Dein Chef hat dich heute extrem genervt, der Feierabenddrink mit Freunden muss her.

Viele Menschen suchen Ablenkung in Konsum oder anderen hedonistischen Aktivitäten. Leider helfen diese Ablenkungsmanöver nur für kurze Zeit. Spätestens wenn der Spaß vorbei ist, sind deine alten Gedanken wieder da. Verstehe mich nicht falsch, jeder braucht von Zeit zu Zeit Freude im Leben. Doch Ablenkung hilft dir nicht dabei, dein nachhaltiges Glück zu finden. Denn diese Ablenkungsmanöver hinterlassen keinen positiven Nachgeschmack auf dein Leben. Diese Ereignisse schenken dir keine neue Lebensmotivation. Vielleicht lösen sie sogar eher das Gegenteil aus und bringen ein Tief mit sich.

Aber: Wie hast du dich zum Beispiel gerade eben nach unserer kurzen Meditation gefühlt? Oder wie fühlst du dich nach einem ausgedehnten Spaziergang durch die Natur? Es gibt Aktivitäten, die dir neue Kraft schenken. Diese Ereignisse spendieren dir neuen Mut und neue Motivation. Schritte, die dich deinem Glück und deinem Sinn des Lebens näher kommen lassen.

Angst

Ich habe dir bereits gesagt, dass Angst dich nicht zum Ziel bringen wird. Und wenn du nicht zum Ziel kommst, wirst du auch dein Glück nicht finden können. Angst ist nicht nur ein ungutes Gefühl, es ist auch eine Blockade für dein Glücksgefühl. Angst wird dich nicht glücklich machen. Angst kann dich aber glücklich machen, wenn du sie überwindest. Blättere zurück, um zu erfahren, wie du deine Angst überwinden kannst.

Geld

Ein Stück Glück heute im Sonderangebot – schön wär's. Geld macht dich nicht glücklich. Mit Geld kann dein Leben einfacher sein. Oder aber im Gegenteil, kann dein Leben ohne Geld anstrengend sein. Aber Geld verhält sich wie das Phänomen Ablenkung in deinem Leben. Das wirkliche Glück kannst du dir damit nicht kaufen. Natürlich versprechen uns die Werbung und die Medien, dass wir mit Geld glücklich werden, weil wir uns dann genau das kaufen können, was uns dort gezeigt wird. Doch macht uns ein schnelles Auto wirklich nachhaltig glücklich? Meinst du, dein Sinn des Lebens hat einen materiellen Wert?

Versteh mich bitte nicht falsch. Materielle Ziele sind genauso gut wie andere Ziele. Wenn du dir gerne Luxus gönnst, ist das auf keinen Fall verwerflich. Doch ich kann dir etwas sagen: Hinter deinen materiellen Zielen verbirgt sich ein viel besseres Ziel. Denn um dein materielles Ziel zu erreichen, musst du erst einmal jemand werden, der sich dies leisten kann. Und genau dieses Werden ist viel erfüllender als das wirkliche Haben.

Stell dir dein Ich so vor, als wärst du eine Hülle, in der sich Erfahrungswerte sammeln. Du bestehst aus deinen bereits gemachten Erfahrungen. Erfahrungen kannst du dir nicht mit Geld kaufen. Sicherlich brauchen wir alle Geld zum Leben. Ich spreche nicht davon, dass du arm wie eine Kirchenmaus sein sollst. Ich spreche hier von überschüssigem Luxusgeld, das der Mensch nicht unbedingt braucht, aber versucht sein ganzes Leben zu erreichen. Frage dich, ob du die Dinge, die du dir kaufen willst, wirklich brauchst. Vielleicht handelt es sich hierbei nur um Idealvorstellungen, die du persönlich eigentlich gar nicht als dein Ziel definieren würdest, wären da nicht die Gruppenzwänge deiner Außenwelt. Selbstverständlich werden dich einige Luxusgegenstände glücklich machen, dein nachhaltiges Glück wirst du in ihnen aber nicht finden.

Vergleiche

Ich habe dir bereits gesagt, dass es nicht gut ist, sich mit anderen zu vergleichen. Jeder kommt mit anderen Voraussetzungen auf die Welt. Sich zu vergleichen ergibt schon allein aus diesen Gründen keinen Sinn. Dennoch kannst du verschiedene Bezugswerte für dich nützlich machen. Doch strebe nicht danach, was andere haben. Das macht dich nicht glücklich. Du findest dein Glück nur, wenn du deinen persönlichen Sinn des Lebens suchst.

Was dich glücklich macht

Dankbarkeit

Dankbar zu sein bedeutet glücklich zu sein. Das hast du bestimmt schon öfters gelesen. Doch ich kann dir versprechen, dass du dich, wenn du nicht dankbar für dein Leben und deine Tage bist, auch nicht glücklich schätzen wirst. Sieh die positiven Dinge in deinem Leben nicht als selbstverständlich an. Dein Leben ist ein Geschenk.

Hingabe

Hast du schon einmal an einer Situation teilgenommen, ohne dieses Ereignis zu bewerten? Geh hinaus in die Welt und gib dich Situationen hin, ohne sie zu bewerten. Du wirst sehen, dass dich die volle Hingabe glücklich stimmen wird. Das Leben läuft nicht nach Plan. Deshalb musst du lernen Dinge zu akzeptieren und sie manchmal einfach hinzunehmen. Feier die Feste, wie sie fallen. Du kannst deinen Sinn des Lebens nicht erzwingen, er fügt sich aus vielen verschiedenen Umständen zusammen. Wenn du nicht offen bist, dich hinzugeben, wirst du dein Glück nicht finden können. Denn wie du später im Buch erfahren wirst, ist dein wirklicher Einflussbereich nicht besonders groß. Den Rest muss man manchmal einfach akzeptieren lernen.

Interesse

Wusstest du, dass glückliche Menschen sich bewusst auf ihre Umwelt einlassen und sich damit vor allem beschäftigen? Sie zeigen Interesse an ihrem Umfeld und sind nicht nur in sich selbst verliebt. Ihr Weltbild kreist nicht nur um sie selbst. Wenn du kein Interesse an der Welt zeigst, kannst du dein Glück nicht finden. Denn nur wenn du deine Position in der Welt findest und die dazugehörigen Tätigkeiten erfüllst, erst dann kannst du glücklich sein. Das Hier und Jetzt ist ein wichtiger Punkt, wenn du glücklich sein willst. Dein Glück ist nicht in deinem Inneren, das Glück wartet in der weiten Welt auf dich. Nimm es wahr.

Werden und Sein

Materialismus wird dich nicht ans Ziel führen. Er kann dich unterstützen, aber dir nicht das nachhaltige Glück liefern. Du musst werden und sein, um dein Glück zu erfahren. Das klingt nun sehr philosophisch. Ohne jemand zu sein, kannst du auch nichts haben. Wer willst du also sein? Weißt du, warum Lotto-Gewinner oft ganz schnell wieder pleite sind? Sie hatten keine Zeit, sich auf das vorzubereiten, was sie durch den Gewinn hinzubekommen haben. Du kannst nicht von heute auf morgen Mark Zuckerbergs Job übernehmen. Dafür fehlen dir die Erfahrung und das Wissen. Genauso wenig kannst du von heute auf morgen glücklich werden, wenn du es noch nicht bist. Gib dir eine reale Chance, der zu werden, der du gerne sein möchtest. Erst wenn du bist, wer du sein willst, kannst du auch glücklich sein.

Prüfe dein Verständnis

→ *Warum kannst du nicht glücklich sein, wenn du denkst?*
→ *Was lässt dich nicht nachdenken, wenn du es tust?*
→ *Übung: Wer willst du sein? Schreibe fünf Wörter auf, von denen du glaubst, dass sie in deinem glücklichen Leben nicht fehlen dürfen. Wie könntest du dies erreichen?*

2.7 Warum dich Prokrastination ausbremst

Natürlich kennst du das. Anstatt das zu tun, was du eigentlich tun wolltest, schaust du dir gerade irgendein belangloses YouTube-Video an. Vielleicht hast du auch den Fernseher eingeschaltet, anstatt das zu machen, was du dir so fest vorgenommen hattest. Weißt du, wie man das nennt? Man nennt das Prokrastination. Du drückst dich vor einer Aufgabe und schwindelst dazu auch noch deinen Verstand an. Ich möchte dir an dieser Stelle nur einen kurzen Diskurs in das Problem zeigen. Du weißt vermutlich, dass Prokrastinieren dich bei deiner Suche des Lebens nicht weiterbringen wird.

Warum du prokrastinierst

Meist hat deine Prokrastination den Hintergrund, dass du die Aufgabe, die du gerade vermeidest, nicht tun willst. Deshalb machst du sie einfach nicht und belügst dich mit der Ausrede, dass du ja eigentlich beschäftigt bist. Meist gibt es drei Gründe, dass du die Aufgabe nach hinten schiebst und verdrängst. Entweder die Aufgabe ist noch nicht dringend wichtig. Oder du empfindest die Aufgabe als sinnlos. Dritter Grund wäre deine Disziplin, die genau hier versagt. Denn du findest deine Aufgabe zwar wichtig und sinnvoll, dennoch kannst du dich nicht motivieren. Doch wie verhält es sich bei der Suche nach deinem Sinn des Lebens? Hast du die Frage bisher verdrängt und immer weiter aufgeschoben? Siehst du die Frage überhaupt als sinnvoll an? Empfindest du sie als dringend?

Wie du aufhörst zu prokrastinieren

Eines vorweg: Die ersten beiden Gründe sind vollkommen akzeptierbar. Du schießt dir zwar selbst ins eigene Bein, wenn du deine Aufgaben immer auf den letzten Drücker erledigst, dennoch ist das eine Option, wenn du zum Beispiel nur unter Zeitdruck funktionierst. Ich kann dir diese Taktik zwar nicht empfehlen, solange du aber irgendwann während der gesetzten Frist deine Aufgabe erledigst, ist alles gut. Wenn du noch keinen Grund für deine Aufgabe siehst, kannst du dich nicht motivieren. Das ist okay.

Wenn wir uns aber dem dritten Grund zuwenden, werden wir sehen, dass genau hier der Grund liegt, warum du deinen Sinn des Lebens noch nicht gefunden hast oder warum du dich bisher noch nicht auf die Suche einlassen konntest. Du empfindest deinen Sinn des Lebens zwar als wichtig und sinnvoll, dennoch kannst du dich nicht dazu aufraffen, ihn bewusst zu suchen. Es scheitert an deiner Disziplin. Ad hoc: Du musst also deine Disziplin schärfen und genau diesen Muskel trainieren. Lass deine Lebensbereiche nicht wegen eines Mangels an Disziplin leiden und zu kurz kommen. Du musst lernen, Dinge umzusetzen. Blättere zurück in das vorherige Kapitel, wenn du mehr zum Thema Disziplin erfahren möchtest.

Prüfe dein Verständnis

→ *Was ist Prokrastination?*
→ *Warum schiebst du Aufgaben auf?*
→ *Übung: Finde ein Beispiel in deinem Leben, wo du prokrastinierst. Warum schiebst du genau diese Aufgaben auf?*

2.8 Wie du deine Motivation schärfst

Motivation ist ein großes Thema. Als Motivationscoach habe ich täglich mit Menschen zu tun, die sich selbst nur schwer motivieren können. Fehlende Disziplin und Prokrastination sind natürlich Punkte, die dich aufhalten, deine Ziele zu erreichen. Doch der Antrieb lauert vor allem in der Motivation. Deine Motivation ist wie ein Motor, den du startest, um an dein Ziel zu kommen. Wenn dein Öl oder deine Kühlerflüssigkeit nicht ausreichen, dann kannst du unter Umständen einen Motorschaden erleiden. Genauso wie wenn der Motor überhitzt. Keine Angst, ich möchte aus dir keinen Mechaniker machen. Was ich dir sagen will, ist, dass du deinen Motor pflegen musst, damit er läuft. Ich verrate dir jetzt fünf Tipps, wie du deinen Motivationsmotor aktivieren kannst. Natürlich sind das nur kleine Hinweise, wie du deine Motivation schärfst. Es gibt noch viele andere Möglichkeiten, zu mehr Motivation im Leben zu kommen. Schau gerne mal auf meiner Webseite vorbei. Ich habe hier viel zum Thema Motivation zusammengetragen. Glaube mir, jeder kann seine Motivation stärken. Auch dein Motivationsmotor kann von einem Antrieb für Kleinwagen zu einem Antrieb für Rennautos werden.

Tipp 1: Lebe nach deinen Werten
Deine Werte hast du bereits weiter vorne zusammengefasst und aufgeschrieben. Ich habe dir bereits davor erzählt, dass es wichtig ist, nach den persönlichen Werten zu leben. Auch bei deiner Motivation ist es ein wichtiger Punkt. Wenn du nach deinen Werten lebst, triffst du deine eigenen Entscheidungen. Du selbst entscheidest, was du willst. Wenn du das tust, was du für richtig und gut hältst, findest du mehr Motivation, genau das zu tun. Das Leben nach deinen Werten treibt dich an.

Tipp 2: Bewege dich!

Ich weiß, das klingt nun erst einmal so, als hättest du das nicht schon zu oft gehört. Aber um dich zu motivieren, musst du in Bewegung kommen. Um deinen Körper und Geist für Motivation zu schärfen, solltest du dich bewegen. Wenn du dich nicht ausreichend bewegst, wirst du immer schlapper und müder. Es ist dann wie eine Spirale. Umso weniger du dich bewegst, umso weniger willst du dich auch bewegen. Doch deine Motivation findet keinen Antrieb von einer Couchpotato. Stell es dir so vor, dein Motor wird von Faulheit und Lethargie extrem blockiert. Sicherlich solltest du dich auch mal ausruhen, dennoch brauchst du Bewegung. Nur so kommst du in Schwung. Sollte es dir schwerfallen, dich zu Bewegung zu motivieren, fange langsam an. Ein Spaziergang an der frischen Luft ist besser als nichts.

Tipp 3: Der richtige Input

Damit es Output gibt, muss es davor auch Input geben. So weit klar. In deinem Leben ist das nichts anderes. Du kannst nicht plötzlich ein fitter und sportlicher Mensch sein, wenn du zuhause auf dem Sofa Chips isst. Mache dir das bewusst: Das, was du deinem Körper und Geist fütterst, das kommt auch wieder raus. Anstatt Fernsehen zu schauen oder deinen Geist mit nichtigen Informationen zu vermüllen, lies ein Buch. Du hast dich bereits dazu entschieden, deinen Geist mit einer Lektüre zu füttern. Das ist ein guter Anfang! Sei genau an dieser Stelle stolz auf dich!

Tipp 4: Setze dir Ziele, die du unbedingt erreichen willst

Du brauchst Ziele, die dich motivieren. Wenn du nichts hast, worauf du dich freust, dann wirst du dich nur schwer motivieren können. Wann hast du dich das letzte Mal auf etwas gefreut? Was bringt dich zum Strahlen, wenn du davon erzählst oder nur daran denkst? Setze dir Ziele, auf die du dich freuen kannst. Es müssen keine großen Ziele sein, auch kleine Ziele helfen dir dabei, deinen Motivationsmotor anzutreiben. Ziele sind wie das Öl in deinem Motor und daher sehr wichtig!

Tipp 5: Dolce Vita

Das Leben ist schön! Daher solltest du es auch genießen! Seien wir doch mal ehrlich: Wir leben nur einmal. Kein Augenblick wird genau so jemals wieder zurückkehren, wie du ihn gerade wahrnimmst. Lebe deine Augenblicke. Und genieße sie. Das Leben ist nicht nur da, um Probleme zu lösen. Im Endeffekt ist es dafür da, dich glücklich zu machen. Und glücklich bist du dann, wenn du deinen Augenblick bewusst erlebst und genießt. Entschließe dich jetzt, deinen Augenblick zu genießen. Genieße, dass du atmen kannst und die Zeit hast, ein Buch zu lesen. Tut dir das gut? Mehr davon!

Prüfe dein Verständnis

→ *Was ist Motivation?*

→ *Wann warst du das letzte Mal so richtig motiviert zu einer Sache?*

→ *Übung: Mache die Augen zu und atme einmal ganz tief durch. Wenn du die Augen wieder öffnest, nimmst du dein Umfeld und deinen Augenblick genau so wahr, wie du sie erkennen kannst. Was siehst du? Was hörst du? Nimm wahr, ohne zu bewerten. Finde fünf positive Gründe, warum dieser Augenblick schön ist.*

2.9 Wie du deine Willenskraft stärkst

Als letztes Werkzeug für deine Wissenskiste möchte ich dir drei Tipps mit an die Hand geben, die dir dabei helfen, deine Willenskraft zu schärfen. Denn wenn du ein Ziel gefunden hast und dein Motivationsmotor bereit ist, dann fehlt dir nur noch die Zündung. Und das ist dein Wille. Dein Wille ist der Schlüssel zu deinem Antrieb. Er ist auch der Schlüssel zu deinem Sinn des Lebens. Dein Wille kann ganze Berge versetzen, er muss eben nur wollen. Dein Wille kann aber auch deinen Sinn des Lebens finden. Lass uns die drei Wissenstipps ansehen, die du zur Hand hast, um deine Willenskraft zu stärken.

Tipp 1: Bewusstsein über negative Konsequenzen
Was passiert eigentlich, wenn du dich nicht dazu aufraffen kannst, deinen Sinn des Lebens zu suchen? Du wirst ihn nicht finden. Aber was passiert noch? Erinnerst du dich an den ersten Teil des Buches. Ich habe dir erzählt, was eintreten kann, wenn du den Sinn des Lebens nicht findest. Mache dir Gedanken über die negativen Konsequenzen, die eintreten könnten und werden. Wenn du ein Mensch ohne Willenskraft bist, kannst du im Leben nicht deinen eigenen Weg finden. Du wirst herumgeschubst werden und niemals das tun, was du in deinem Inneren möchtest.

Um deinen Weg zu finden, brauchst du eine starke Willenskraft. Sei dir dessen bewusst. Dein Bewusstsein über deinen starken Willen wird dich in die richtige Richtung lenken. Denn von nun an kannst du dir Gedanken darüber machen, ob du die Dinge, die du tust, aus deinem freien Willen heraus machst oder ob dich andere dazu gebracht haben. Werde dir über die negativen Konsequenzen bewusst, wenn du nicht das tust, was du eigentlich willst. Wirst du dich am Ende dort befinden, wo du sein willst?

Tipp 2: Der Schlüssel deines freien Willens

Wie bereits gesagt: Du hast einen freien Willen. Diesen freien Willen kannst du trainieren. Fang klein an und werde immer größer damit, deine eigenen Entscheidungen zu treffen. Du musst auf keine äußeren oder inneren Reize reagieren. Du musst dich auch nicht mit deinen Instinkten zufriedengeben. Hör jetzt genau hin: Dein Wille kann die größte Einflussnahme auf deine Handlungen haben. Wenn du das möchtest, musst du anfangen, deinen freien Willen im Alltag zu trainieren. Du kannst zum Beispiel lernen, schneller Entscheidungen zu treffen. Anstatt vor einem Supermarktregal alle Optionen durchzugehen, entscheide dich einfach für ein Produkt.

Wenn du dich nicht mehr von deinen inneren Reizen umher-schupsen lassen willst, kannst du auch hier deinen Willen trainieren. Das machst du, indem du deine Gefühle in verschiedenen Situationen eruierst. Wenn du dich zum Beispiel traurig oder wütend fühlst, nimm dir einen Moment Zeit, um herauszufinden, was der Auslöser für deine Gefühlslage ist. Auch hier gilt die Regel: Wenn du dir über deine Emotionen bewusst bist, kannst du die Kontrolle über sie übernehmen. Kontrolliere also deine Emotionen. Ich kann dir an dieser Stelle versprechen, je mehr du deinen Willen trainierst, desto besser kannst du darin werden. Lerne deinen Willen kennen und setze ihn durch. Du kannst das bis zu dem Punkt machen, an dem du die komplette Kontrolle über deine Reize erlangt hast. Aber Vorsicht, Emotionen sind in manchen Situationen wichtig. Finde die richtige Balance.

Tipp 3: Steh morgens sofort auf!

Mein letzter Tipp für dich: Steh morgens sofort auf! Denn weißt du, was der größte Fehler ist, den du gleich zu Beginn des Tages machen kannst? Dein Wecker klingelt und du bleibst liegen, bis du dich durch alle möglichen Szenarien des Tages hindurchgedacht hast, die dir dein Leben heute so bieten könnte. Wenn du deinen Wecker nach dem Alarm auf Schlummern stellst, zeigst du keine Willenskraft. Denn dein Wecker klingelt nicht umsonst. Steh also sofort auf und beginne deinen Tag als Herr über deine Sinne. Nach einer Weile wirst du sehen, dass dein Willen durch genau diese Tat gestärkt wird. Siehst du, es kann so einfach sein, die eigene Willenskraft zu stärken.

Prüfe dein Verständnis

→ *Was heißt es, einen starken Willen zu haben?*
→ *Wie kannst du deine Willenskraft stärken?*
→ *Übung: Wann hast du dich das letzte Mal zu etwas überreden lassen, das du eigentlich gar nicht tun wolltest? Hat es dir am Ende Spaß gemacht, das zu tun? Oder hast du es bereut? Würdest du es jetzt anders machen?*

Teil III

Wie du deinen Sinn des Lebens findest

Jetzt beginnt die aktive Suche nach deinem Sinn des Lebens. Dieses letzte Kapitel widmet sich dir und deinem Leben. Wenn du die Übungen mitmachst, bist du schon ganz nah dran, an deinem Sinn des Lebens.

> *»Der Anfang ist die Hälfte des Ganzen!«*
> *Aristoteles*

In den letzten beiden Kapiteln haben wir das »Warum will ich den Sinn des Lebens finden« und das »Was habe ich für Werkzeuge in meinem Sortiment, um den Sinn des Lebens finden zu können« besprochen. Du weißt nun viele Fakten über die theoretische Suche nach dem Sinn des Lebens.

Du weißt, was der Sinn des Lebens sein kann, und du weißt auch, warum du ihn finden willst. Du bist dir dessen bewusst, dass du einige Werkzeuge hast, die du geschickt einsetzen kannst, um deinem Ziel näher zu kommen. Du weißt auch, dass du, wenn du nach deinen Werten und Zielen lebst, deinem Sinn des Lebens sehr nahe sein wirst.

Hast du die Kapitel bisher gut gelesen und alle Übungen gemacht, dann hat dein theoretisches Wissen für die Suche nach dem Sinn des Lebens nun ein sehr gutes Fundament. Was du jetzt aber brauchst, ist der Antrieb, der dir bisher fehlte. Der zündende Schritt in die richtige Richtung. Ich kann dir versprechen, dass aller Anfang schwer ist. Aber ich kann dir auch sagen, dass du bereits angefangen hast. Du hast dich bereits auf die Suche nach deinem Sinn des Lebens eingelassen. Weißt du, was wir jetzt machen? Jetzt machen wir Nägel mit Köpfen. Es geht genau jetzt los. Hier kommt deine aktive Suche nach deinem Sinn des Lebens.

3.1 Warum dich folgende Übungen zur Lösung bringen

Dein Sinn des Lebens kommt nicht einfach um die Ecke. Das wissen wir bereits. Wir müssen um die Ecke gehen, damit wir ihm begegnen. Also tun wir das. Gehen wir um die Ecke. Denken wir anders und finden es heraus. Ich habe ein paar Übungen für dich vorbereitet, die dich deinem Sinn des Lebens aktiv entgegentreten lassen. Wenn du die kommenden Fragen in den verschiedenen Übungen wahrheitsgemäß beantwortest, wirst du herausfinden, was du in deinem Leben wirklich willst. Die folgenden Fragen sind eine gute Übung, um dich selbst einmal so wirklich nach den Dingen zu befragen, die dir eventuell schon lange auf der Zunge brannten.

Sei nicht gleich entmutigt, wenn es dir beim ersten Anlauf schwerfällt, die Fragen zu beantworten. Versuche deinen Fokus auf die Übungen zu legen und dich voll und ganz auf dich selbst zu konzentrieren. Das kann nicht immer leicht sein, vor allem dann nicht, wenn man das davor noch nie so intensiv gemacht hat. Versuche auch, dir gegenüber ehrlich zu sein. Es bringt in diesem Fall nichts, sich selbst anzulügen. Es geht hier wirklich nur um dich. Sei dir dessen bewusst. Wenn du dich darauf einlassen kannst, ist das schon mal ein sehr guter Anfang.

Erstaunlicherweise funktionieren die Übungen sehr gut. Das heißt, ich habe diese Übungen bereits mit einigen Menschen, die auf ihrer Suche nach dem Sinn des Lebens waren, gemacht. Gemeinsam haben wir die Antworten auf die verschiedenen Fragen aufgeschrieben und danach in eine Richtung kanalisiert. Selbstverständlich ist es gemeinsam oft einfacher, sich auf gewisse Übungen einzulassen. Wenn du dich an dieser Stelle entschieden hast, dich alleine auf die Suche nach deinem Sinn des Lebens zu begeben, dann musst du genau jetzt deine innere Willenskraft aktivieren. Wenn es dir besonders schwerfällt, kann ich dir als Coach dabei helfen, diese Übungen gemeinsam durchzugehen.

Ganz wichtig ist es, dass du all die Antworten auf die Fragen für dich selbst aufbewahrst. Wirf sie nicht gleich frustriert in den Müll. Wenn du diese Übungen einmal gemacht hast, hast du viele Antworten auf wirklich wichtige Fragen in deinem Leben zusammengefasst. Du kannst dir diese immer wieder durchlesen und vor Augen halten. Du kannst die Übungen aber auch in anderen Lebensphasen noch einmal machen und die Antworten dann vergleichen. Es ist interessant zu sehen, wie man sich selbst über bestimmte Zeiträume verändert. Kannst du dich erinnern, dass ich dir bereits am Anfang des Buches gesagt habe, dass der Sinn des Lebens sich mit seinen Aufgaben verändert. Oft bleiben wir nicht bei einem Ziel oder einem Sinn. Die Antworten auf die Fragen zeigen dir, wo du dich aktuell im Leben befindest. Sie sind eine Momentaufnahme deiner jetzigen Lebensphase. Doch worauf warten wir. Lass uns starten.

Übung 1: Wer bin ich?

Die Frage aller Fragen. Wer bin ich? Diese Frage hört man nur zu oft. Auch in diesem Buch haben wir uns bereits diese Frage gestellt. Also wer bist du eigentlich? Und wer sind die anderen? Kannst du diese Frage nun besser beantworten als zu Beginn des Buches?

Wenn ich diese Frage in den ersten Kennenlerngesprächen mit meinen Klienten stelle, kommt zunächst der Name, gefolgt von Alter und Beruf. Wenn ich dann frage, wer sie wirklich sind, stoße ich zunächst erst einmal auf ganz überraschte Gesichter. Du bist bereits einen Schritt weiter. Du weißt bereits, dass das nicht das ist, was ich an dieser Stelle wissen will.

Die Frage »Wer bin ich?« ist nicht einfach zu beantworten. Du kannst dieser Frage aber mit anderen Fragen entgegenkommen.

Ich habe hier zehn Fragen für dich. Diese Fragen können dir helfen, dich selbst besser kennenzulernen. Diese Fragen beinhalten all die Fragen, die um die zentrale Frage nach dem »Wer bin ich« kreisen.

Folgende Übung ist es, die Fragen einmal selbst zu beantworten und einmal Menschen beantworten zu lassen, die dich besonders gut kennen. Zu jeder Frage sollten jeweils drei bis fünf Antworten aufgeschrieben werden. Am Ende vergleichst du die Antworten. Stimmen die Aussagen der anderen mit den Aussagen von dir selbst überein? Was kannst du von den Antworten der anderen lernen? Hast du etwas Neues über dich erfahren, was du davor noch nicht wusstest?

Das sind die Fragen für dich:
1. Worin siehst du deine Stärken?
2. Worin siehst du deine Schwächen?
3. Gibt es etwas, worauf du besonders stolz sein kannst?
4. Wo siehst du Möglichkeiten, die sich dir bieten?
5. Welche Dinge könnten dich bedrohen oder eine Gefahr für dich darstellen?
6. Woher beziehst du deine Energie?
7. Was ist deine Leidenschaft?
8. Was glaubst du, gibst du deinem Umfeld?
9. Welcher Beruf würde zu dir passen?
10. Wo siehst du dich in fünf Jahren?

Das sind die Fragen für deine Mitmenschen:
1. Worin siehst du meine Stärken?
2. Worin siehst du meine Schwächen?
3. Gibt es etwas, worauf ich besonders stolz sein kann?
4. Wo siehst du Möglichkeiten, die sich mir bieten?
5. Welche Dinge könnten mich bedrohen oder eine Gefahr für mich darstellen?
6. Woher beziehe ich meine Energie?
7. Wie siehst du meine Leidenschaft?

8. Was gebe ich meinem Umfeld?
9. Welcher Beruf würde zu mir passen?
10. Wo siehst du mich in fünf Jahren?

Übung 2: Die Grabrede

Folgende Übung ist es, eine Grabrede zu halten. Das klingt wahrscheinlich erst mal etwas makaber. Aber glaube mir, diese Übung ist wirklich gut für deine Suche nach dem Sinn des Lebens. Stell dir vor, das Ende deines Lebens kommt und du schläfst selig ein. Nun steht deine Beerdigung an. Wie auf jeder Beerdigung sollen deine Verwandten oder Freunde eine Rede über dich halten. Unsere Übung ist es, diese Grabrede zu formulieren.

Um dies zu tun, mache dir bitte einmal ein paar Gedanken über dein Leben. Dafür kannst du folgende Fragen zu Hilfe nehmen: Was möchtest du auf deiner Grabrede über dich hören? Welcher Mensch möchtest du in deinem Leben gern gewesen sein? Was sollen die Menschen über dich sagen? Was sollen die Menschen über dich denken? Wie möchtest du in Erinnerung bleiben?

Wenn du dir darüber Gedanken gemacht hast, geht es nun an die Grabrede. Schreibe zunächst eine optimale Version deiner Grabrede, wie du sie dir wünschen würdest. Dazu formulierst du fünf Sätze, wer du gerne gewesen sein möchtest. Das heißt, du schreibst eine Grabrede über dich selbst, wie du sie gerne am Ende deines Lebens von dir hören möchtest.

Zusätzlich schreibst du eine Grabrede mit fünf Sätzen, wie sie jetzt lauten würden. Was würden die Menschen jetzt über dich sagen. Vergleiche diese zwei verschiedenen Grabreden miteinander. Bist du bereits der, der du an deinem Lebensabend sein willst? Wenn nicht, finde die Punkte heraus, die dich noch von der Person differenzieren, die du am Ende deines Lebens sein willst. Beschreibe die Punkte dabei so detailliert wie möglich.

Übung 3: Spiel des Lebens

Du kennst sicher das Brettspiel »Spiel des Lebens«. Oder du hast wenigstens schon einmal davon gehört. Ein Brettspiel, in dem es darum geht, sich einen möglichst perfekten Weg ins Ziel zu bahnen. Dabei gibt es Hürden zu meistern, die jenen aus dem realen Leben sehr ähnlich sind. Man kann Spielkarten ziehen, Kinder bekommen, heiraten, Karriere machen oder auf seinen Schulden sitzen bleiben. Ein ganz herrliches Spiel, um sich an Abenden zu amüsieren. Bereits am Anfang des Spieles musst du dich für einen Weg entscheiden. Du kannst entweder einen Kredit für deine Bildung aufnehmen oder gleich einen Job anfangen.

Was mich immer wieder an diesem Spiel fasziniert, ist, dass man oft gar nicht allzu lange überlegt, welchen Weg man gleich am Anfang des Lebens einschlagen möchte. Man wählt einfach eine Option aus, da man es einfach ausprobieren kann, ohne wirkliche Konsequenzen davontragen zu müssen. Das Einzige, was dir wirklich passieren kann, ist, dass du verlierst. Aber es ist ja immerhin nur ein Spiel und hierbei leben wir viel öfter nach dem Motto »No risk, no fun«. Während des Spieles sind die meisten von uns oft absolut locker und vom eigenen Vorhaben überzeugt. Was mich aber am allermeisten an diesem Spiel fasziniert, ist die gewisse Vogelperspektive, die man auf seine Spielfigur hat. Ich bin auf diesen Überblick auf das Leben im Spiel im realen Leben sehr neidisch. Denn in Realität gelingt es einem nicht immer, den nötigen Abstand zu Geschehnissen zu haben.

Während des Spiels musst du dann verschiedene Ziele erreichen, um im Rennen zu bleiben. Nun stell dir einmal vor, wir befinden uns im Spiel. Und du könntest ein Spielbrett für genau dieses Spiel kreieren. Dein persönliches Spiel des Lebens quasi. Stell dir nun sieben Ziele vor, die deine Spielfigur erreichen muss, um ans Ende zu kommen. Was sind deine sieben Ziele für dein Spiel des Lebens?

In der folgenden Übung möchte ich von dir, dass du dir sieben Etappen überlegst, die du in dein Spiel-des-Lebens-Spielbrett integrieren möchtest. Was müssen deine Spielfiguren während des Spiels erreichen, um ans große Ziel zu gelangen? Müssen sie ein schickes Auto fahren? Haben sie die Wahl zwischen einer Wohnung und einem Haus? Wie sieht es mit Kindern und Familie aus? Was ist mit dem Beruf? Und welche Ziele muss deine Spielfigur noch erreichen? Du kannst auch Persönlichkeitsmerkmale oder Werte integrieren. Nimm dir ausreichend Zeit, um dir über die Etappen auf deinem Spielbrett Gedanken zu machen. Schreibe diese Etappen in der Spielreihenfolge auf.

Was du aus dieser Übung erkennen kannst, sind die Ziele, die deine Spielfigur in deinem Spiel des Lebens erreichen soll. Wie wichtig sind dir diese Ziele in deinem realen Leben? Sieh dich nun einmal kurz als Spielfigur in deinem eigenen Leben. Spiele dein eigenes Spiel des Lebens. Die formulierten Zwischenziele für deine Spielfigur kannst du stellvertretend für dein reales Leben betrachten. Während du vielleicht bereits einige Etappen schon erreicht hast, was sind die Punkte, die noch nicht eingetreten sind? Wie kannst du diese erreichen? Welche Spielkarten benötigst du dafür? Versuche die Vogelperspektive aus dem Spiel in dein reales Leben zu übertragen. Was wäre, wenn dein Leben ein Spiel wäre? Wie würdest du es spielen? Was wäre deine Taktik, um zu gewinnen?

Übung 4: Wenn du der einzige Mensch auf dieser Welt wärst
Für diese Übung brauchst du ein wenig Zeit und Muße. Denn diese Übung ist wirklich nicht ganz einfach. Stell dir bitte vor, dass du der einzige Mensch auf dieser Welt bist. Nur du existierst auf dem ganzen Planeten. Folglich gibt es auch kein Geld, keine Freunde und keine Attraktionen. Wirklich nur du bist auf dieser Welt. In dieser Übung möchte ich, dass du dir darüber Gedanken machst, was du tun würdest, wenn es niemand anderen gäbe.

Was tust du? Wie beschäftigst du dich? Wie verbringst du deine Tage? Wie schenkst du dir Freude? Wie belohnst du dich? Woher bekommst du deine Aufmerksamkeit? Gibt es dann noch ein Wochenende? Schreibe mindestens fünf verschiedene Aktivitäten auf, die du ausführen würdest. Überlege dir Szenarien, in welchen nur du die Hauptrolle übernimmst. Wird es dir langweilig?

Vielleicht fragst du dich jetzt, was das mit der Suche nach deinem Sinn des Lebens zu tun hat. Wie du bereits weißt, wird dein Sinn des Lebens da lauern, wo du am meisten Freude empfindest. Du findest deine Erfüllung dort, wo du dich glücklich fühlst.

Ich kann dir sagen, wenn ich zum Beispiel diese Frage beantworten müsste, dann würde ich auf die Liste schreiben, dass ich viel Sport machen würde und gesund essen würde. Ich würde versuchen, auf hohe Berge zu steigen, oder andere Naturspektakel erkunden. Ich würde mich auf Abenteuer einlassen und dazwischen meine Zeit mit Lesen, Malen und Schreiben verbringen. Ich würde versuchen, mir ein Nest zu bauen, in dem es gemütlich ist.

Wenn du deine Liste fertig hast, dann habe ich eine andere Frage an dich. Warum machst du die Sachen, die du soeben auf die Liste geschrieben hast, nicht auch dann, wenn es andere Menschen auf der Welt gibt. Warum halten dich andere Menschen auf, die Dinge zu tun, die du jetzt auf die Liste geschrieben hast? Frage dich, wie und warum dich andere Menschen von Sachen abhalten könnten. Ich möchte, dass du dich fragst, wie du deine Punkte von der Liste ausführen kannst, ohne dass dich andere Menschen stören könnten. Wenn du deinem Sinn des Lebens folgen willst, dann dürfen dich andere Menschen nicht davon abhalten, Dinge zu tun, die du gerne tun willst.

Im Leben wird es immer gesellschaftliche Grenzen geben, die dir verbieten weiterzugehen. Es werden dich oft die Klammern deines sozialen Umfeldes daran hindern, komplett frei zu sein. Diese Freiheit kannst du lediglich in deinem Inneren erhalten. In deinem Kern, dort, wo deine Veränderung anfangen wird. Löse dich also bitte von den Gedanken, dass du irgendwann die Sachen machen kannst, die du dort auf der Liste stehen hast. Du wirst immer ungebetene Zuschauer haben. Befreie dich von diesen Gedanken und folge deinem Ziel.

Prüfe dein Verständnis

→ *Warum solltest du wissen, wer du bist?*
→ *Warum sollte man das Leben gelegentlich als Spiel betrachten?*
→ *Warum ist es wichtig, sich darüber Gedanken zu machen, was man machen würde, wenn man der einzige Mensch auf der Welt wäre?*

3.2 Die richtige Herangehensweise

Es gibt viele Herangehensweisen, die dich ans Ziel bringen können. Natürlich kommt es auch immer auf deine Ziele an. Dein Sinn des Lebens ist nicht das eine Ziel, das du erreichen kannst, wenn du eine Anleitung befolgst. Du kannst deinem Sinn des Lebens aber nahe kommen, indem du deine selbst gesteckten Ziele und Werte verfolgst und lebst. Um deine Ziele zu formulieren und zu stecken, musst du aber erst einmal dich selbst kennen. Du musst wissen, was deine Stärken und Schwächen sind. Und du musst auch wissen, was du dir tief in deinem Inneren wünschst. Genau das machen wir nun in diesem Kapitel. Wir finden heraus, was deine Schwächen, Stärken und Wünsche sind. Verwechsle deine Wünsche bitte nicht mit deinen Zielen. Wünsche sind dafür da, deine Zielformulierungen zu unterstützen. Wünsche sind aber auch dafür da, sich Dinge zu erhoffen, die möglicherweise gar nicht eintreten werden. Wenn du deine Wünsche kennst, kannst du besser deine Ziele finden.

Bevor wir anfangen, möchte ich noch etwas vorwegnehmen: Du hast mehr Stärken, als du denkst! Es ist sehr wichtig, dass du weißt, dass du viele Stärken besitzt. Diese Stärken musst du aber erst einmal kennen. Damit du in deinem Leben deine Ziele erreichen kannst, stehen dir deine Stärken beiseite. Zwar kann dir sicherlich auch spontan etwas gelingen, doch wenn du deine Stärken wirklich kennst, kannst du dich viel besser auf bestimmte Lebensaufgaben vorbereiten. Doch genauso wichtig ist es auch, seine eigenen Schwächen zu kennen. Schwächen können Hürden darstellen, die du entweder überwinden, links liegen oder aber in Hilfen umwandeln kannst. Um in deinem Leben glücklich zu sein, kannst du nicht alles dem Zufall überlassen. Kenne deine Stärken und Schwächen.

Was wir in diesem Kapitel machen, ist genau das: Wir finden heraus, wo deine Stärken und Schwächen liegen. Denn wenn du weißt, was deine Stärken und Schwächen sind, dann kannst du auch deine Wünsche und Ziele besser formulieren. Wenn du weißt, worin du stark oder aber auch schwach bist, dann lernst du dich selbst viel besser kennen. Du siehst dich dann selbst in einem anderen Licht und aus einem anderen Winkel. Weißt du, was du dir vielleicht denkst, wenn du deine starken Seiten kennst? Du denkst dir: Wow, wer ist denn eigentlich dieser tolle Mensch. Wenn du nicht weißt, worin du gut bist, kannst du auch nicht stolz auf dich sein. Und ganz vielleicht bist du deinem Ziel schon näher, als du eigentlich denkst. Lass uns beginnen.

Kenne deine Schwächen

Wenn du an deine Schwächen denkst, versetzen dich die Gedanken vielleicht nicht unbedingt in die beste Laune. Doch um dich selbst richtig zu kennen und einschätzen zu können, musst du dich mit diesem Thema auseinandersetzen. Denn es ist wichtig, seine Schwächen zu kennen und diese wiederum richtig einschätzen zu können. Erst wenn du deine Schwächen kennst, kannst du auch genau wissen, was deine Stärken sind.

Bestimmt hattest du schon einmal ein Vorstellungsgespräch, in dem du nach deinen Schwächen gefragt worden bist. In der Vorbereitung zu dem Bewerbungsgespräch hast du dich bestimmt auf diese Frage konzentriert und dir Gedanken darüber gemacht. Was hast du darauf für eine Antwort gefunden? Hast du die Frage dann mit der Wahrheit beantwortet? Oder hast du etwas geflunkert? Warum diese Frage so gern in Vorstellungsgesprächen gestellt wird, ist aus psychologischen Gründen zu beantworten. Die Vorgesetzten wollen sehen, wie selbstreflektiert und ehrlich du bist. Natürlich wird keiner seine schlimmste Schwäche bei einem Bewerbungsgespräch preisgeben. Dennoch können einige Antworten auf die Frage nach deinen Schwächen Aufschluss über deine Persönlichkeit verraten.

Wenn du dich also schon einmal auf ein Vorstellungsgespräch vorbereitet hast, dann hast du dir sicher auch schon einmal Gedanken über deine Schwächen gemacht. Wir wollen nun gemeinsam eine Liste mit zehn Schwächen aufschreiben, die dich charakterisieren. Keine Angst, diese Liste ist nur für dich persönlich gedacht. Denn ich kann es nur noch einmal wiederholen, nur wenn du deine Schwächen kennst, kannst du auch Stärken kennen. Du kannst auch nur dann erkennen, ob du dich auf dem richtigen Weg zu deinem Sinn des Lebens befindest, wenn du dich selbst richtig kennst.

Sei zu dir mal ehrlich, wenn dir etwas so ganz und gar nicht liegt, dann wird es dich auch nicht erfreuen, diese Sache in deinem Leben zu haben. Schwächen in den Alltag oder gar den Sinn des Lebens zu integrieren, ist daher keine besonders gute Idee. Andersherum wird es dich aber glücklich machen, wenn du dich auf deine Stärken fokussieren kannst. Diese möchtest du in deinem Sinn des Lebens und in deinen Zielen vorfinden.

Finde deine Schwächen

Fangen wir also an. In den nächsten 30 Minuten formulierst du zehn Schwächen von dir. Du kannst dazwischen gerne etwas trinken oder aus dem Fenster schauen. Vielleicht sitzt du dabei auch auf einer Bank in der Natur. Aber konzentriere dich bitte voll und ganz auf deine Schwächen. Lenke den Fokus ganz auf dich selbst und auf deine schwierigen Seiten. Auch wenn du dich jetzt mit deinen Problemen auseinandersetzt, ist es wichtig, diese Übung zu machen. Nur wenn du weißt, welche Schwächen du hast, nur dann kannst du auch dich selbst kennen. Sei dir darüber bewusst, dass dich diese Übung nicht besonders glücklich machen wird. Wenn du danach aber die Liste vor dir liegen hast, sind deine Schwächen lediglich Wörter auf einem Stück Papier. Diese Wörter erscheinen dann gar nicht mehr so schlimm.

Let's start

Wenn es dir schwerfällt, die Liste zu beginnen, können dir folgende Fragen helfen. Was macht mir keinen Spaß? Worin bin ich nicht besonders gut? Wann fühle ich mich schlecht? Was kritisieren andere an mir? Worin bin ich bereits gescheitert? Wenn dir nicht so viele Schwächen einfallen, kannst du die Listen von den vorherigen Kapiteln hinzuziehen.

Wenn du fertig bist, hast du zehn deiner Schwächen vor dir liegen. Kein Grund für schlechte Laune! Es sind nur Wörter auf einem Blatt Papier. Was du aus der Liste herauslesen kannst, ist Folgendes: Deine Schwächen machen einen Teil deines Lebens aus, den du akzeptieren musst. Einige Schwächen kannst du in Stärken umformen, wenn du daran arbeitest. Doch auf andere Schwächen willst du am liebsten in deinem Leben verzichten.

Ich könnte dir jetzt sagen, dass du deine Schwächen in Stärken umwandeln sollst. Aber ich verrate dir jetzt was: Vergeude deine Energie nicht damit, all deine Schwächen in Stärken umzuformen. Nimm die Zeit und Energie und investiere sie in deine bereits vorhandenen Stärken. Oft wird einem erzählt, man könne an seinen Schwächen arbeiten. Das stimmt auch. Dennoch ist es viel effektiver, an seinen Stärken zu arbeiten, um diese noch stärker zu machen. Du kannst nicht in allem gut sein, aber du kannst in einer Sache sehr gut sein. Lenke deine Energie auf diese Sache. Investiere Zeit in deine Stärken. Aber dazu kommen wir gleich.

Sind deine Schwächen mit deinen Zielen kompatibel?

Frage dich nun bitte erst einmal, ob deine bisherigen Ziele mit deinen Schwächen kompatibel sind. Wenn nicht, solltest du deine bisher gesteckten Ziele eventuell noch einmal überdenken. Denn wenn dir etwas wirklich so überhaupt nicht liegt, dann wird es dich auf Dauer auch nicht glücklich und zufrieden machen. Zwar musst du nicht überall der Beste sein, dennoch sind Erfolge gut für dich und deine Seelenzufriedenheit.

Nehmen wir mal an, dein Ziel ist es, die ganze Welt zu bereisen. Aber stell dir vor, dein Körper weist bei jeder Gelegenheit Schwächen auf, wenn er in ein fremdes Land kommt. Du verträgst die lange Fahrtzeit nicht. Deine Schwäche ist aber vor allem gesundheitlich bedingt. Dein Körper verträgt das weite Reisen nicht. Meinst du nicht, du solltest dann etwas an deinem Ziel ändern. Mache dir Gedanken darüber, ob deine Ziele mit deinen Schwächen kompatibel sind und inwieweit du deine Ziele oder aber Schwächen anpassen könntest. Vielleicht sind es nur Kleinigkeiten, wie zum Beispiel dass du nicht gemacht bist für die langen Anreisen. Dann könntest du die Anreise in mehrere Etappen aufteilen. Du könntest Zwischenstopps in deine Anreise integrieren, um so deinem Körper nicht diese großen Strapazen an einem Stück auszusetzen.

Oder nehmen wir an, du bist ledig und möchtest gerne wieder eine neue Partnerschaft eingehen. Deine Schwäche ist es aber, nicht besonders gut in einer Partnerschaft zu leben. Sobald du längere Zeit mit jemandem zusammen bist, bist du keine gute Version mehr von dir selbst. Deine Schwäche besteht nämlich darin, dass du deine Position in einer Partnerschaft nicht klar und deutlich formulieren kannst. Du gibst zum Beispiel immer nach, bis zu dem Punkt, an dem du dich selbst aufgibst. Dies macht dich aber wiederum nicht glücklich. Deshalb endete deine letzte Partnerschaft in großem Streit. Wie kompatibel ist dein

Ziel mit deiner Schwäche? Was könntest du an deiner Schwäche ändern, um dein Ziel zu erreichen? Oder was könntest du an deinem Ziel ändern, wenn du deiner Schwäche nicht entkommen kannst? Findest du die Lösung?

Was ich dir sagen will, ist, dass wenn du deine Schwächen kennst, du besser mit deinen Zielen umgehen kannst. Denn wenn du deine Ziele erreichen willst, sollten dir deine Schwächen nicht im Weg stehen. Frage dich, wie kompatibel deine Ziele mit deinen Schwächen sind. Finde heraus, wie du die Schwächen, die dir das Erreichen deiner Ziele erschweren könnten, ändern oder umgehen kannst.

Kenne deine Stärken

Genug mit Schwächen. Jetzt sind deine Stärken an der Reihe. Nachdem wir uns nun mit den Schwächen auseinandergesetzt haben, werden wir uns nun den Stärken zuwenden. Es ist wichtig, seine eigenen Stärken zu kennen. Zumal man auch stolz auf sich sein darf, was man eigentlich alles gut kann. Du kannst an deinen Stärken aber auch arbeiten, um sie wachsen zu lassen. So kann aus einer Stärke das werden, worin du der Beste bist. Nutze deine Stärken, um sie noch besser zu machen.

Finde deine Stärken

Um deine Stärken besser kennenzulernen, machen wir auch hier wieder das gleiche Spiel. Nimm dir 30 Minuten Zeit, um zehn Stärken aufzuschreiben. Lenke auch hier den Fokus auf dich selbst. Was sind deine Stärken? Was machst du besonders gut? Worin hast du Erfolge? Du kannst ganz tief in deiner Erinnerungskiste kramen. Schreibe alles auf, was dir einfällt. Vielleicht sind es Dinge wie »Du bist immer pünktlich« oder »Du kümmerst dich gut um deine Freunde«. Möglicherweise bist du ein guter Schwimmer oder du hast einen guten Geschmack für leckeren Wein.

Deine Liste kann zunächst so lang werden, wie du willst. Nach 30 Minuten kannst du dann deine Sätze in zehn Stärken auf den Punkt bringen. Das heißt: Fasse deine Aufzeichnungen in zehn Stärken zusammen. Wenn du gut im Schwimmen bist und auch gerne Joggen gehst, dann kann dein Punkt auf deiner Stärkenliste »Ausdauersport« lauten. Kommst du immer pünktlich, sagst Verabredungen nie ab und überweist deine Rechnung zur rechten Zeit, dann könnte deine Stärke »Verlässlichkeit« heißen.

Let's start

Wenn du nicht weißt, was du hier eigentlich aufschreiben sollst, gib nicht gleich auf. Du kannst dich zum Beispiel fragen, was dir besonders leichtfällt. Oder was du gerne in deiner freien Zeit machst. Worin gehst du auf, was begeistert dich? Was bewundern andere Menschen an dir? Was macht dir eigentlich Spaß? Und wann hast du das letzte Mal so richtig ausgiebig gelacht?

Was hast du nun eigentlich vor dir liegen? Was du jetzt siehst, ist eine Liste mit all deinen Stärken. Das bist du. Diese Stärken machen dich aus. Du kannst nun erst einmal stolz auf diese Liste sein, denn das sind alles deine positiven Eigenschaften. Genau das, was hier steht, kannst du besonders gut. Und genau hier kannst du auch ansetzen, wenn du deine Ziele formulieren oder gar deinen Sinn des Lebens finden willst. Das sind die Eigenschaften im Leben, die dir Spaß machen, die dir liegen und die, die dir das Leben leichter machen.

Und genau hier kommen wir der Suche nach dem Sinn des Lebens näher. Denn dein Sinn des Lebens basiert auf den Dingen, die dich glücklich machen. Das sind jene Punkte, die du besonders gern machst und die dir daher leicht von der Hand gehen. Kenne deine Stärken, um deinen Sinn des Lebens zu finden.

Kenne deine Wünsche

Nachdem du nun deine Stärken und deine Schwächen kennst, kannst du nach deinen Wünschen Ausschau halten. Was sind eigentlich Wünsche? Wünsche, das sind die Hoffnung und das Erstreben nach einem Zustand, der in Zukunft eintreten soll. Solange du dir etwas erhoffst, ist das dein Wunsch. Ich möchte von dir wissen, was du dir eigentlich wirklich wünschst. Was ist tief in deinem Inneren der Wunsch, nach dem du seit Langem strebst? Wenn du eine Sternschnuppe am Himmel siehst, was ist der Wunsch, den du still und heimlich in dich hineinflüsterst? Was erhoffst du dir für die Zukunft? Stell dir vor, diese Wünsche könnten wahr werden. Wie würde sich dann dein Leben verändern? Lass mich dir eine Frage stellen: Wenn du genau einen Wunsch äußern dürftest, welcher wäre das?

Wissen, was man will

Um es auf den Punkt zu bringen: Es ist wichtig zu wissen, was man sich eigentlich wünscht. Kennst du das nicht? Man schwelgt in Erinnerungen, denkt darüber nach, dass alles hätte besser kommen können. Du bist unzufrieden mit deiner jetzigen Situation. Aber wenn du einmal genauer in dich hineinhörst, dann weißt du eigentlich gar nicht so recht, was du an Stelle von der jetzigen Situation überhaupt gern anders hättest. Oft wissen wir genau, was wir nicht wollen. Wir wissen, was uns nicht gefällt. Aber weißt du, was du wirklich willst? Weißt du, was dir wirklich gefällt? Was ist eigentlich dein zentraler Wunsch?

Doch Vorsicht …

Wünsche können auch in deinem Kopf umherspuken, ohne dass sie eine Daseinsberechtigung haben. Vertraue niemals allen deinen Wünschen. Das soll heißen, du solltest nicht allen Wünschen glauben, die du täglich vor dich hin plauderst. Wünsche passen sich oft an Situationen an. Deshalb solltest du deine Wünsche auf Glaubhaftigkeit prüfen, wenn du an ihnen festhältst.

Ist es nicht so …

Triffst du dich zum Beispiel mit deinen Kollegen von der Arbeit auf ein Feierabendbier, dann hättest du vielleicht gern einen verantwortungsvolleren Posten in der Firma, in der du arbeitest. Bei einem Essen mit deinem Freund aus der Kindheit schwelgt ihr aber vielleicht in alten Erinnerungen über eure damalige Lebenslust und Freiheit. Deshalb wünschst du dir dann eventuell diese freie Zeit zurück. Kurz davor wolltest du aber gerade noch einen höheren Posten in deiner Firma? Mehr Verantwortung im Job wird dir aber nicht unbedingt die freie Zeit geben, die du dir bei dem Essen mit deinem Kindheitsfreund ersehnt hast. Siehst du, was ich dir sagen will? Deine Wünsche können sich situationsbedingt ändern und im schlimmsten Fall sogar widersprechen.

Lass uns einen kleinen Versuch starten. Was wäre, wenn du fünf Wünsche frei hättest? Du kennst doch sicher die Geschichte mit dem Dschinn aus der Wunderlampe. Klar, wir wollen realistisch bleiben. Aber stell dir doch bitte einmal vor, du könntest dir fünf Dinge, Situationen oder Eigenschaften wünschen. Was würdest du dir wünschen? Notiere fünf Wünsche, die du wirklich wahr haben möchtest. Nimm dir ausreichend Zeit, um dir Gedanken darüber zu machen. Lenke deinen Fokus auf deine Wünsche. Was hast du dir schon immer gewünscht und erhofft? Wovon hast du schon als Teenager geträumt? Was erhoffst du dir für deine Zukunft?

Let's start

Wenn du fertig bist, betrachtest du die Liste und überlegst dir, ob du diese Wünsche wirklich in vollem Ausmaß wahr haben möchtest. Erinnerst du dich an das Kapitel zu Idealvorstellungen? Man muss Ideale prüfen, um ihnen Glauben schenken zu können. Oft sind Idealvorstellungen in Realität ganz anders, als man sie sich eigentlich ausgemalt hat. Und genauso ähnlich verhält es sich auch mit deinen Wünschen. Oft hat man eine ideale Wunschvorstellung in seinem Kopf. Doch eigentlich möchte man den Wunsch gar nicht in vollem Ausmaß wahr haben. Prüfe also die Wünsche auf deiner Liste auf Glaubwürdigkeit. Male dir Situationen aus, in denen dein Wunsch dich zu der Person macht, die du dir vorstellst. Was würde der Wunsch mit deinem Leben anstellen? Was würde es aus dir für eine Person machen, wenn der Wunsch wahr werden würde? Frage dich, ob dieser Wunsch wirklich dem entspricht, was du willst.

Bleiben wir bei dem Wunsch nach einem höheren beruflichen Posten. Stell dir vor, der Wunsch wird wahr. Du bekommst mehr Verantwortung in der Arbeit und bist ab sofort verantwortlich für dein Team. Jeden Tag arbeitest du nun mehr Stunden, weil du eine wichtigere Stelle hast. Du musst oft bis spät in die Nacht arbeiten. Es bleibt kaum Zeit für deine Familie und deine Freizeit übrig. Tatsächlich gefällt dir deine neue Arbeit und dein Einkommen ist höher. Jetzt musst du dir aber überlegen, ob du lieber mehr Geld oder mehr Zeit in deinem Leben haben möchtest. Das heißt, im Endeffekt musst du dich fragen, ob du überhaupt möchtest, dass der Wunsch wirklich wahr wird.

Prüfe deine Wünsche

Welche Wünsche stehen noch auf deiner Liste? Prüfe alle deine Wünsche auf der Liste, ob du sie wirklich wahr haben willst. Lassen sich deine Wünsche miteinander kombinieren? Wenn du zum Beispiel die Welt umsegeln möchtest, kannst du nicht gleichzeitig eine höhere Position in deiner Firma einnehmen. Bleib realistisch! Wenn es dir nicht leicht fällt zu erkennen, ob sich deine Wünsche miteinander vertragen, kannst du nach der Prüfung deiner Wünsche, sie nach Wichtigkeit ordnen. Welcher Wunsch ist dein liebster Wunsch, welchen Wunsch würdest du eher vernachlässigen?

Wähle dann deinen Lieblingswunsch aus der Liste aus. Dieser Wunsch ist der erste und der wichtigste Wunsch für dich. Lass ihn wahr werden. Mache dir Gedanken darüber, wie du diesen Wunsch zu einem Ziel umformulieren kannst. Gebe nicht sofort auf. Überlege dir Wege, wie du diesen Wunsch in die Tat umsetzen könntest. Du möchtest um die Welt segeln? Lerne segeln. Du möchtest deinen Job verbessern? Bilde dich weiter. Es geht hier darum, dass du Wege findest, die deinen Wunsch wahr machen.

Wenn du deine Wünsche auf Glaubwürdigkeit geprüft hast, dann setze alles daran sie wahr werden zu lassen. Wenn du deinen Wünschen volles Vertrauen schenkst, kannst du deine Wünsche zu deinen Zielen werden lassen. Denn wenn du alles daran gibst, deinen Wunsch wahr werden zu lassen, dann wird dein Wunsch zu deinem Ziel. Lese hierzu im nächsten Kapitel weiter.

Prüfe dein Verständnis

→ *Warum solltest du deine Schwächen kennen?*
→ *Was haben deine Stärken mit deinem Sinn des Lebens zu tun?*
→ *Warum solltest du deine Wünsche auf Glaubwürdigkeit prüfen?*

3.3 Erreiche deine Ziele

Den richtigen Weg in ein sinnerfülltes Leben zu finden, ist nicht einfach. Verfehlen kannst du deinen Weg aber nicht, wenn du dir ein Ziel setzt und daran arbeitest, dieses zu erreichen. Denn wenn du ein Ziel vor Augen hast, kennst du auch den Weg, den du einschlagen musst. Wenn du ein Ziel vor dir siehst, kannst du dich mit Hilfe deiner Selbstmotivation in die richtige Richtung schupsen. Ohne Ziel wiederum kannst du dich selbst nicht auf den richtigen Weg bringen. Du wirst sehen, wenn du mit einem Kompass durch die Welt flanierst, ergeben deine Lebenswege plötzlich viel mehr Sinn.

Formuliere deine Ziele

Möchtest du ein Geheimnis wissen? Jeder erfolgreiche Mensch formuliert seine Ziele so detailliert wie nur möglich, bevor er sie erreicht. Ganz wichtig ist dabei, dass du Ziele nicht mit Wünschen verwechselst. Wenn ich von Zielen spreche, dann ist das etwas, das ich erreichen will. Ich habe dann einen Plan, wie ich diesem Ziel näher kommen kann. Im Gegensatz hoffe ich bei Wünschen lediglich, dass sie wahr werden. Wünsche stehen meist nur im Raum, ich unternehme nicht aktiv etwas, um sie wahr werden zu lassen. Sobald ich Wünsche erreichen möchte, werden sie zu Zielen. Ich hoffe dann nicht mehr nur, dass etwas eintreten wird, sondern ich fordere es aktiv heraus. Denn Ziele sind klar formulierte Zustände, die ich schaffen möchte. Ich möchte diese Situationen erzielen. Dabei ist es wichtig, sein Ziel so genau wie möglich zu kennen. Umso genauer du weißt, was du willst, umso besser kannst du es erreichen. Und genau das machen wir jetzt. Um deinem Sinn des Lebens näher zu kommen, ermitteln wir jetzt deine aktuellen Ziele und bringen diese zu Papier.

Wenn du dich erinnern kannst, dann haben wir bereits im ersten Kapitel des Buches über das Problem mit dem Wort Ziel gesprochen. Während es im Englischen mehrere Wörter gibt, die das Wort Ziel definieren, haben wir in der deutschen Sprache lediglich ein Wort für Ziel. Dennoch wissen wir, dass Zwischenziele das Leben einfacher machen können. Das haben wir bereits im theoretischen Teil besprochen. Du weißt, wenn du ein Leben nach deinen Werten und Zielen lebst, du deinem Sinn des Lebens näher kommen wirst. Doch wie sieht es nun in der Praxis aus? Lass uns starten.

Lass uns deine Ziele finden

Nehme zunächst bitte deine Was-will-ich-Liste aus dem ersten Kapitel zur Hand. Lege sie vor dich hin. Kannst du dich erinnern, was du dort alles aufgeschrieben hast? Das waren deine Wünsche und Ziele im ersten Kapitel. Es sind bestimmt nun ein paar Tage dazwischen gelegen, vielleicht waren es auch nur Stunden. Innerhalb dieser Zeit hast du nun mehr über dich selbst und über den Sinn des Lebens erfahren. Hat diese kurze Zeitspanne bereits vielleicht sogar eine Veränderung deiner Ziele mit sich gebracht? Wir werden es gleich herausfinden. Lass uns nun in vier Schritten deinen Zielen näher kommen.

1. Aktualität deiner Ziel

Im ersten Schritt der Übung streichst du alle Wünsche und Ziele von deiner Was-will-ich-Liste, die du bereits jetzt schon nicht mehr erreichen willst. Die Wünsche und Ziele, die du immer noch erreichen möchtest, schreibst du auf ein neues Blatt Papier. Ergänze sie dann nach Belieben. Sei dir bewusst darüber, dass du dich bereits jetzt an einer neuen Stelle in deinem Leben befindest. Du hast dank des Buches dein Wissen erweitert und weißt nun mehr über dich selbst, als je zuvor. Daher kannst du nun auch besser einschätzen, was du willst. Das heißt, du musst deine

Was-will-ich-Liste erneuern, dabei kannst du natürlich einige alte Dinge mitnehmen. Was schreibst du alles auf deine Liste? Nehme dir genügend Zeit und richte deinen Fokus auf deine Wünsche und Ziele.

2. Glaubwürdigkeit deiner Ziele

Im zweiten Schritt eruieren wir nun deine aktuelle Position in deinem Leben. Wo befindest du dich gerade? Wo möchtest du eigentlich hin? Prüfe deine Punkte auf der Liste und finde heraus, ob diese Punkte wirklich deinen Zielen entsprechen. Wie oft haben wir im Leben bereits ein Ziel verfolgt und nach einiger Zeit feststellen müssen, dass wir das eigentlich gar nicht möchten, dieses Ziel. Ich frage dich deshalb: Möchtest du alle Ziele wirklich wahr haben, die du auf deiner Liste stehen hast?

Knapp 30 % aller Studierenden im Bachelor brechen ihr Studium wieder ab. Selbstverständlich hat das diverse Gründe. Doch oft liegt es daran, dass man denkt, etwas zu wollen, das man eigentlich gar nicht will.

Damit du nicht unnötigerweise falsche Ziele verfolgst, ist es wichtig, dass du dir über deine Ziele bewusst bist. Prüfe deine Ziele auf Glaubwürdigkeit, bevor du alles daran gibst, sie zu erreichen. Als Fragen auf den Punkt gebracht, heißt das: Kannst du deinem Ziel glauben? Willst du dieses Ziel tatsächlich erreichen? Was passiert, wenn du es erreicht hast? Wie verändert sich dann dein Leben? Und die wichtigste Frage: Bist du bereit für die Veränderung, die das Erreichen deines Zieles mit sich bringt? Mach dir wirklich ernsthafte Gedanken darüber, ob du deine Ziele erreichen willst. Und ob du auch bereit für die Veränderung bist.

3. Realität vs. Vorstellung

In deinem Kopf sieht immer alles so einfach aus. Du nimmst etwas in die Hand und es funktioniert. Das liegt daran, dass es sich um eine Vorstellung handelt. Doch die Realität hat nicht nur eine einzige Version zu bieten. Da sich äußere Einflüsse immer wieder verändern können, sind Situationen in Realität ganz anders als in deiner Vorstellung. Wichtig ist, dass du dir darüber bewusst bist. Da deine Vorstellung also nicht der Realität entspricht, kannst du auch in deiner Vorstellung nicht das finden, was du wirklich willst. Du musst deine Vorstellungen ausprobieren, bevor du sie dir als Ziel fest vornimmst. Was ich dir sagen möchte: Teste deine Ideen, bevor du alles daran setzt, sie zu realisieren.

Wenn du zum Beispiel das Gefühl hast, du möchtest lieber auf dem Land anstatt in der Stadt wohnen, teste erst einmal deine Idee. Bevor du deine Stadtwohnung komplett aufgibst und mit Sack und Pack in ein Dorf ziehst, empfehle ich dir, erst einmal Urlaub auf dem Land zu machen. Nimm dir eine Woche Zeit, um deine Idee zu testen. Prüfe deine Vorstellung auf Alltagssituationen. In diesem Fall könnte das zum Beispiel sein, wie gut du die Dinge, die du zum Leben brauchst, erreichst. Oder ob es dich eventuell nervt, wenn du dich abends mit Freunden in der Stadt verabredest und du als Einziger einen weiten Weg nach Hause fahren musst. Oder ist es aber so, dass du die Landruhe in vollen Zügen genießt und dich an einem eigenen Garten erfreuen kannst?

Was ich dir an dieser Stelle sagen will, ist, dass du deine Ziele aus deiner Vorstellung ein Stück weit in die Realität bringen sollst, bevor du alles daran setzt, dieses Ziel wirklich zu erreichen. Taste dich an dein vorgestelltes Ziel heran. Du kannst dir das so vorstellen wie eine Weinprobe. Du musst nicht die ganze Flasche Wein trinken, um zu merken, ob sie dir schmeckt. Du probierst einen Schluck und schwenkst das Glas in bestimmten Winkeln umher. So ähnlich machst du das mit deiner Zielverkostung. Schaue dir dein Ziel von allen Seiten gut an. Probiere einen kleinen Schluck. Nur so kannst du herausfinden, ob das Ziel wirklich das ist, was du willst.

Aber seien wir mal ganz ehrlich. Natürlich kannst du nicht alle Ziele in Realität ausprobieren. Was du aber machen kannst, wenn du deine Ziele nicht real überprüfen kannst, ist, dir die Meinung und Erfahrung von anderen Menschen einzuholen. Wer befindet sich bereits in diesen Situationen? Wer könnte aus Erfahrung sprechen? Sicherlich solltest du dich nicht auf die Meinungen anderer versteifen. Dennoch können andere Meinungen und Erfahrungen helfen, zu erkennen, ob man etwas wirklich will.

Du möchtest deinen Beruf wechseln und jetzt etwas ganz anderes machen? Du möchtest zum Beispiel in die Medienbranche gehen. Unterhalte dich mit verschiedenen Menschen, die bereits in dieser Branche arbeiten. Höre dir Podcasts an oder schaue dir Videos über die Branche an. Auch so kannst du dir einen realeren Eindruck verschaffen. Vielleicht stellst du dir ja eigentlich etwas ganz anderes unter diesem Beruf vor.

Vor längerer Zeit wollte ich mich im Programmieren versuchen. Ich dachte mir, Webseiten zu codieren könnte eine tolle Arbeit sein. Bevor ich aber all-in an die Startbahn ging, habe ich an einem dreiwöchigen Kurs im Codieren teilgenommen. Zunächst hat es mir Spaß gemacht, meine Zeit mit Formeln und Algorithmen zu verbringen. Aber zunächst war es auch noch einfach. In der letzten Woche wurde es immer schwerer. Und seien wir mal ehrlich: Diese für mich schwereren Aufgaben waren noch lange keine schweren Aufgaben für echte Programmierer. Ich stellte fest, dass ich meine Zeit nicht mit diesen Zahlen- und Buchstaben-Codes verbringen wollte. Ich wollte lieber raus in die Welt und anderen Menschen real helfen. Aus meiner perfekten Idee in der Vorstellung wurde keine Idee in der Realität.

Was ich dir hiermit zeigen will, ist, dass du es vermeiden kannst, Energie und Zeit in ein Ziel zu investieren, das du eigentlich gar nicht willst. Wenn du deine Ziele am Anfang prüfst und verkostest, kannst du vielleicht schnell merken, ob du etwas magst oder eben vielleicht auch nicht magst. Investiere Zeit am Anfang, um am Ende eventuell Zeit zu sparen.

4. Einfach machen

Wie ich bereits gesagt habe, kann man nicht alles ausprobieren. Und selbstverständlich kann auch ein Herantasten an dein Ziel nicht unbedingt zeigen, ob du dieses Ziel wirklich willst. Oft ist es ein Gefühl, das dir sagt, wenn sich etwas richtig anfühlt. Wenn du dir sicher bist, dass du ein Ziel erreichen willst, dann musst du es einfach machen! Das kann ich dir als letzten Tipp mit an die Hand geben: Mach einfach!

Und ganz simpel gesehen geht es im Leben eben auch darum. Du setzt dir ein Ziel und gibst alles daran, dieses zu erreichen. Auf deiner Was-will-ich-Liste hast du die Ziele formuliert, die du erreichen willst. Jetzt geht es darum, diese nach gelungenem Ziel-Tasting auch zu erreichen. Das Motto der Stunde: Lebe dein Ziel aktiv.

Prüfe dein Verständnis

→ *Warum solltest du deine Ziele besonders genau kennen?*
→ *Warum kannst du nicht allen deinen Zielen glauben?*
→ *Was versteht man unter Ziel-Tasting?*

3.4 Lebe deine Veränderung

Ich kann dir eins versprechen: Aller Anfang ist schwer. Mit etwas starten kostet meist nicht nur Energie, sondern vor allem auch viel Überwindungskraft. Kannst du dich erinnern, dass wir bereits darüber gesprochen haben? Bis etwas zur Gewohnheit wird, kostet es Kraft, Energie und Disziplin. Wenn eine Sache dann aber erst einmal zur Gewohnheit geworden ist, dann wird sie dir sehr leicht von der Hand gehen. So ist es auch mit dem Erreichen deiner Ziele. Nun stehst du am Anfang. Du hast deine Wünsche und Ziele definiert und aufgeschrieben. Du weißt nun, was du willst. Vielleicht hast du auch schon eine Idee, wie du diese Ziele erreichen könntest, was dir dabei helfen und was dir dabei im Weg stehen könnte.

Zwischenmeditation

Lass uns an dieser Stelle eine kurze Zwischenmeditation einfügen, um deine Disziplin und Vorfreude zu schärfen. Wähle ein beliebiges Ziel aus deiner Liste aus. Schließe nun die Augen. Stell dir dein Ziel so genau wie möglich vor. Du möchtest zum Beispiel eine neue Wohnung in der Stadt kaufen. Stell dir genau vor, wie die Wohnung aussehen soll. Hat sie einen Balkon? Wie riecht es in der Wohnung? Welche Farbe sollen deine Wände haben? Geh so sehr ins Detail wie nur möglich. Spürst du die Freude in dir hochsteigen? Umso genauer du ein Ziel vor Augen hast, umso genauer weißt du auch, wo du ansetzen musst, um dieses Ziel zu erreichen.

Kenne deine neue Veränderung

Um überhaupt etwas in deinem Leben zu ändern, musst du wissen, was genau du verändern willst. Du hast nun deine Ziele vor dir liegen. Was unterscheidet deine jetzige Situation von der Situation, die nach dem Erreichen deiner Ziele eintreten soll? Bevor du dich oder Situationen veränderst, musst du deine neue, veränderte Situation kennen. Das heißt: Kenne deine Veränderung. Kenne dein Neues.

Nehmen wir an, du möchtest ausgeglichener werden. Es ist dann wichtig zu wissen, wie genau deine Veränderung aussehen soll. Definiere deine Veränderung so detailliert wie nur möglich. Wie soll deine neue Situation mit mehr Ausgeglichenheit aussehen? Wie stellst du dir dein ausgeglichenes Ich vor?

Bleiben wir bei diesem Beispiel. Wenn du ausgeglichener werden willst, musst du zum Beispiel auch wissen, in welchen Lebensbereichen du nicht ausgeglichen bist. Wann wird dir deine Unausgeglichenheit zum Problem? Wann möchtest du ausgeglichener reagieren können? Du könntest dich dann fragen, wie du zu mehr Ausgeglichenheit im Leben kommen kannst. Um dies zu erfahren, kannst du dir Wissen aneignen, das dir hilft, zu deinem Ergebnis zu gelangen. Schau dir Tutorials an, lies Bücher, füttere deinen Geist mit produktiven Informationen zu deinem neuen Ziel. Mit welchen Tricks kannst du dich zu einem ausgeglicheneren Menschen verändern? Du siehst, umso genauer du deine Veränderung kennst, umso genauer kannst du dir den Weg dorthin bahnen.

Veränderung von innen

Ich verrate dir nun ein universelles Prinzip der Veränderung: Veränderung kann nur von innen heraus passieren. Deine Veränderung wird nie von außen passieren, wenn sie nicht die Wurzeln in deinem Inneren hat. Veränderung muss in dir beginnen. Du kannst nicht nur die äußere Schale aufpeppen. Die Veränderung muss in deinem inneren Kern ansetzen. Nagle dir dies in Stein: Veränderung passiert von innen nach außen. Es ist wirklich wichtig, dies zu wissen.

Bleiben wir bei dem Beispiel von Ausgeglichenheit. Wenn du ausgeglichener in deinem Leben werden willst, muss die Veränderung von dir heraus stattfinden. Dafür musst du die Veränderung wollen und gleichzeitig leben. Das heißt, du selbst musst in deinem Kern ausgeglichener werden. Wenn du zum Beispiel in Situationen lediglich Ausgeglichenheit vortäuschst und dir selbst vorgaukelst, du seist jetzt ausgeglichen, so wird es dich nicht nachhaltig zu einem ausgeglicheneren Menschen machen. Du musst bei dir im Inneren anfangen, nachhaltig einen ausgeglicheneren Lebensstil zu erreichen. Du kannst zum Beispiel Meditationen in deinen Tagesablauf integrieren. Du kannst aber auch, anstatt fünf Tassen Kaffee zu trinken, auf einen beruhigenderen Tee umsteigen. Sport und gesundes Essen können auch zu mehr Ausgeglichenheit führen.

Was will ich dir sagen? Ich will dir sagen, dass du das Erreichen deiner Ziele von innen heraus anpacken musst. Du kannst nicht nur an deiner Schale etwas ändern, du musst den ganzen Kern verändern. Nur so kannst du nachhaltig deine Ziele erreichen und bei ihnen bleiben.

Weißt du noch, dass ich dir gesagt habe, dass viele Lottogewinner ihr Geld schnell wieder verlieren? Das liegt daran, dass sie sich in ihrem Kern nicht auf die Veränderung haben vorbereiten können. Um Veränderung zu schaffen, muss dein ganzes Paket geändert werden. Fange bei deinem inneren Kern an.

Konzentriere dich auf das Mögliche

Weißt du, warum viele Menschen frustriert sind und denken, sie könnten ihr Leben nicht ändern? Diese Menschen konzentrieren sich nicht darauf, was sie selbst ändern könnten. Du hast in deinem Leben einen Interessenbereich und einen Einflussbereich. Was viele nicht wissen: Du kannst nur deinen Einflussbereich ändern. Du kannst deinen Radius und deinen Haushalt ändern. Du kannst auch dich selbst ändern. Aber du kannst viele Dinge nicht ändern. Das ist nicht weiter schlimm. Du musst dir einfach nur darüber bewusst sein, dass du eben nicht alles auf dieser Welt verändern kannst.

Schau dir einmal deinen aktuellen Einflussbereich an. Worauf hast du in deinem Leben wirklich Einfluss. Du kannst deinen Einflussbereich aber auch aktiv vergrößern. Umso bewusster du nach deinen Werten lebst und nach deinen Zielen strebst, umso größer wird dein Einflussbereich werden. Wenn du genau das Leben lebst, das dich erfüllt, dann wirst du immer mehr Menschen inspirieren, damit auch beeinflussen und somit einen Einfluss auf sie haben. Umso aktiver du in deinem Leben bist, umso größer ist der Einflussbereich, den du hast. Und umso größer ist auch der Kreis, den du erreichst.

Vollzeitveränderung

Ich habe diesen Abschnitt deshalb Vollzeitveränderung genannt, da du dein Ziel nicht in Teilzeit erreichen kannst. Wenn du deine Ziele erreichen willst, musst du dich voll und ganz auf sie einlassen. Und das bitte nicht nur zwischen 7 Uhr morgens und 13 Uhr nachmittags. Deine Ziele kennen keine Uhrzeiten. Wenn du dich verändern willst, dann musst du das in Vollzeit wollen und tun. Deine Veränderung findet nur zu 100 % statt, wenn du auch zu 100 % dabei bist.

Kanalisiere dafür deine Gedanken und dein Mindset komplett in dein neues Ziel. Stell dich auf alles ein, was mit deinem neuen Ziel kommen kann. Sei Vollzeit bereit, dein neues Ziel in dein Leben zu lassen. Sei dir bewusst, dass du dich komplett für dein neues Ziel öffnen musst, damit es in dein Leben treten kann.

Ich habe mich zum Beispiel in ein indisches Kloster begeben, um meine innere Stärke zu finden. Die Mönche haben eine wahnsinnige Disziplin und Willenskraft. So wurde mir anfangs ganz angst, wenn ich daran dachte, ob ich jemals annähernd so willensstark werden könnte wie sie. Allein die Vorstellung war so intensiv, dass ich sie mir nur schwer vor Augen halten konnte. Wie könnte ich es schaffen, genauso diszipliniert und willensstark zu sein, wie diese Mönche es waren? Nach einiger Beobachtungszeit habe ich dann festgestellt, dass dies alles eine Frage der Übung und des starken Willens ist. Für die Mönche gab es keine Pause in der Auslegung ihrer Prinzipien. Keiner der Mönche brach aus dem eigenen disziplinierten Verhalten jemals aus. Keiner schlief aus oder nagte an einem Schokoriegel, während er vor Netflix den Kopf ausschaltete. Um zu den Menschen zu werden, die sie sein wollten, blieben sie kontinuierlich bei ihrer Disziplin und ihrer Auslegung des klaren Verstandes. Sie wurden eins mit ihren Zielen.

Was ich bei den Mönchen im indischen Kloster gelernt habe, ist, dass man nicht nur in Teilzeit erfolgreich sein kann. Wenn du eine Veränderung in deinem Leben willst, dann musst du in Vollzeit bereit dafür sein. Wenn du ein Ziel hast, musst du dieses 24/7 erreichen wollen. Das heißt nicht, dass du dir keine Auszeit leisten darfst. Natürlich kannst du auch mal die Beine hochlegen. Du musst nicht durchgehend dein Ziel aktiv verfolgen. Dennoch musst du durchgehend bereit sein, dieses Ziel zu erreichen. Auch hier ist es wieder eine Frage des Mindsets. Dein Wille sollte dein gestecktes Ziel von nun an immer wollen. Wenn du zu einem ausgeglicheneren Menschen werden willst, dann kannst du nicht Samstagabend genau das Gegenteil sein. Wenn du dein Ziel komplett in dein Leben integriert haben willst, dann musst du die Veränderung inklusive der Konsequenzen erstens zu 100 % wollen und zweitens zu 100 % leben.

Du willst mit dem Rauchen aufhören? Sei dir bewusst, dass du in jeder Minute deines kommenden Lebens Nichtraucher sein willst. Pole dein Mindset in die richtige Richtung. Dein innerer Kern muss Vollzeit bereit für die neue Veränderung sein. Ganz oder gar nicht. Wenn du dir darüber bewusst bist, dass du die Veränderung wirklich willst, dann lebe sie auch zu 100 %. Sei bereit und starte mit deinem Ziel.

Bleib auf dem richtigen Weg

Der Anfang ist zwar der wichtigste Schritt in ein neues Leben, aber weißt du, was zusätzlich sehr wichtig ist? Auf dem Weg zu bleiben. Es reicht nicht nur, dass du dich für ein Ziel entschieden hast oder in die richtige Richtung läufst. Du musst kontinuierlich auf deinem neuen Weg bleiben. Es wird immer irritierende Abzweigungen auf deinem Pfad geben. Eventuell werden dich sogar Schilder dorthin locken wollen. Es kann auch durchaus einmal vorkommen, dass du dich verläufst, weil du deinen richtigen Weg nicht finden konntest.

Verlaufe dich nicht …

Stell dir deine Suche nach dem Sinn des Lebens wie eine Bergwanderung vor. Es gibt einen Hauptweg, der dich auf den Gipfel des Berges bringt. Es gibt aber auch viele Nebenwege, die hier und da mal abzweigen. Diese können dich auf tiefer gelegene Nebengipfel bringen oder aber vielleicht sogar wieder ins Tal führen. Einige führen mitunter auf eine Berghütte. In der kannst du dich ausruhen, musst aber dann den Weg wieder zurück auf deinen Hauptweg finden. Es gibt unübersichtliche Tierpfade, die wie Trampelpfade ein Gewirr aus Fußspuren in den Wald oder die Wiesen ziehen. Auch hier gilt das Gleiche wie bei den Nebenwegen. Sie werden dich nicht auf den Gipfel bringen. Sei achtsam und prüfe immer wieder, ob du dich auf dem richtigen Weg befindest. Du kannst das anhand mehrerer Punkte sehen. Hast du den Gipfel vor Augen, ist das schon mal eine gute Sache. Zeigt dein Blick Richtung Tal, könntest du auf einem falschen Weg sein. Wird dein Weg wirr und unübersichtlich, könntest du dich eventuell auf einem Tierpfad befinden.

So ist es auch in deinem Leben. Meist erkennen wir, ob wir auf dem richtigen Weg sind. Oft sagt dir dein Bauchgefühl, ob du gerade richtig stehst. Aber oft sind es auch die äußeren Umstände, die dir aufzeigen, ob du in die richtige Richtung gehst. Wenn du dir nicht sicher bist, ob du auf dem richtigen Weg bist, ist es ratsam, eine Pause einzulegen und deine Position genauer zu untersuchen.

Etappen helfen

Anhand von Unter- oder Zwischenzielen entlang deines Weges kannst du den Weg zu deinem Ziel besser in Etappen aufteilen. Denn wenn du bei deinen Zwischenzielen ankommst, weißt du, dass du richtig gehst. Überlege dir dafür Zwischenziele, die dich auf dem Weg zu deinem großen Ziel unterstützen könnten. Welche Etappen könntest du in dein Leben integrieren, die dir dabei helfen, deine Ziele besser zu verfolgen?

Du möchtest immer noch Nichtraucher werden? Überlege dir Etappen, die es dir leichter machen, deinen Weg zum Ziel nicht aus den Augen zu verlieren. Dein Ziel ist es, gar nicht mehr zu rauchen. Mögliche Zwischenziele könnten sein, dass du zum Beispiel im ersten Monat nur noch drei Zigaretten pro Tag rauchst. Im zweiten Monat reduzierst du dann deinen Konsum auf eine Zigarette. Monat drei ist ohne eine Zigarette, aber du darfst noch eine Notzigarette in der Woche haben. Im vierten Monat bist du komplett rauchfrei und alle Gegenstände, die etwas mit Rauchen zu tun haben, wandern aus deinem Umfeld. Dabei ist es ganz wichtig, deine Unterziele zu formulieren. Schreibe sie dir auf ein Blatt Papier. So kannst du dich nicht selbst anschwindeln!

Altes loslassen

Einen Tipp muss ich dir an dieser Stelle noch geben. Lass das Alte los. Du kannst nicht an der Vergangenheit festhalten, wenn du in die Zukunft gehen willst. Es ist ungefähr so wie mit dem Verlassen der Komfortzone. Du kannst dein Glück nicht finden, wenn du dich im Sog deiner Komfortzone suhlst. Du kannst aber genauso wenig dein Glück finden, wenn du die Fesseln der Vergangenheit an dir hast.

Lass das Alte los. Du sollst natürlich nicht deine ganze Vergangenheit vergessen und dich blindlings in die Zukunft stürzen. Du sollst dich aber auch nicht von Vergangenem aufhalten oder gar blockieren lassen. Du kannst aus der Vergangenheit lernen. Das ist auch wichtig, dennoch solltest du dir den Weg in die Zukunft niemals mit Steinen aus der Vergangenheit erschweren.

Lebe deine Veränderung jetzt

Du hast nun ein Ziel vor Augen. Du hast die Koordinaten deines Zieles erfasst und dir darüber Gedanken gemacht, wie du dieses erreichen kannst. Du weißt, dass du tief in deinem Inneren ansetzen wirst, um die Veränderung von innen nach außen zu tragen. Soll ich dir etwas sagen? Du hast es geschafft. Du bist bei deinem Kompass deines Sinnes des Lebens angekommen. Du hältst ihn in deiner Hand. Du weißt, wie du ihn bedienen musst. Es kann also losgehen. Dein Sinn des Lebens wartet auf dich.

Prüfe dein Verständnis

→ *Was ist die goldene Regel der Veränderung?*
→ *Warum kannst du dich nicht nur in Teilzeit verändern?*
→ *Wie kannst du prüfen, ob du dich auf dem richtigen Weg befindest?*

3.5 Du hast es fast geschafft

Jetzt hast du es fast geschafft, deinen Sinn im Leben zu finden. Du hast dir deine Ziele gesteckt, du hast deine Werte definiert und du hast deine Träume geäußert. Du weißt, wer du sein möchtest, und du weißt, wer du bereits bist. Du kennst deine Stärken und deine Schwächen. Du weißt, wie du deine Ziele erreichen kannst, und du weißt auch, wie du dich selbst dazu motivierst und dabei diszipliniert auf dem richtigen Weg bleiben kannst.

Soll ich dir etwas sagen? Dieses Wissen teilen nicht alle Menschen mit dir. Du hast dich selbst kennengelernt und weißt nun, wie du dich wirklich glücklich machen kannst. Jetzt ist es an der Zeit, dein Wissen zu leben. Nur indem du lebst, kannst du deinen Sinn im Leben finden und spüren. Nur wenn du aktiv so am Leben teilnimmst, wie du es dir vorstellst, kannst du glücklich werden.

Ich habe dir viele Tipps und Tricks mit auf deinen persönlichen Weg gegeben. Es liegt nun an dir, diese Tipps in dein persönliches Leben zu integrieren. Du kannst allzeit zu den Kapiteln zurückblättern, die dir bei manchen holprigen Stellen im Leben ein Wegweiser sein können. Du kannst alle Übungen jederzeit noch einmal durchgehen. Du kannst immer wieder etwas Neues über dich erfahren und entdecken. Sei dazu offen gegenüber Neuem und halte nicht allzu verklemmt an deiner Vergangenheit fest. Hemme dich nicht selbst, die Person zu sein, die du wirklich sein willst. Sei die beste Version von dir selbst!

Wenn du es trotz des Buches nicht schaffen solltest, dich selbst auf den richtigen Weg zu bringen oder dich zu motivieren, dann kann ich dir als Coach im Leben real zur Seite stehen. Ich kann dir dann helfen, deine Ziele zu definieren und zu leben. Manchmal reicht ein Buch, um dem Leben einen Schups zu geben. Aber manchmal braucht es eine anwesende Person, die einem den richtigen Weg weist. Ich freue mich, dass du das Buch bis zum Ende gelesen hast. Noch viel mehr freue ich mich aber, wenn ich dir helfen konnte. Am meisten erfreut es mich aber, wenn du deinen persönlichen Sinn im Leben nun findest und lebst.

Dein Chris